阅读成就思想……

Read to Achieve

心理学与商业应用系列

Consumer
Psychology

我们为什么买买买

消费行为背后的心理学奥秘

[英] 卡特琳·V. 扬松－博伊德（Cathrine V.Jansson-Boyd）著
郑淑明 译

中国人民大学出版社
·北京·

图书在版编目（ＣＩＰ）数据

我们为什么买买买：消费行为背后的心理学奥秘 / （英）卡特琳・V. 扬松-博伊德著；郑淑明译. -- 北京： 中国人民大学出版社，2021.2
ISBN 978-7-300-28867-3

Ⅰ. ①我… Ⅱ. ①卡… ②郑… Ⅲ. ①消费心理学 Ⅳ. ①F713.55

中国版本图书馆CIP数据核字(2020)第272823号

我们为什么买买买：消费行为背后的心理学奥秘
[英]卡特琳・V. 扬松-博伊德（Cathrine V. Jansson-Boyd） 著
郑淑明 译
Women Weishenme Maimaimai：Xiaofei Xingwei Beihou de Xinlixue Aomi

出版发行	中国人民大学出版社		
社　　址	北京中关村大街31号	邮政编码	100080
电　　话	010-62511242（总编室）	010-62511770（质管部）	
	010-82501766（邮购部）	010-62514148（门市部）	
	010-62515195（发行公司）	010-62515275（盗版举报）	
网　　址	http://www.crup.com.cn		
经　　销	新华书店		
印　　刷	天津中印联印务有限公司		
规　　格	170mm×230mm　16开本	版　次	2021年2月第1版
印　　张	15.25　插页1	印　次	2021年2月第1次印刷
字　　数	185 000	定　价	79.00元

版权所有　　　侵权必究　　　印装差错　　　负责调换

CONSUMER PSYCHOLOGY
前言

本书旨在为读者介绍消费心理学各方面的内容,这些内容对于理解消费行为至关重要。迄今为止,书名中带有"消费心理学"字样的书籍并不多见,即使有些书籍涉及了相关内容,也多以市场营销为导向,而非着眼于心理学。然而,本书则将研究重点放在了消费者的心理上,并利用市场营销理论来帮助人们理解消费者的想法和行为。

由于世界各地的消费心理学家在进行教学活动时并没有统一的典型或标准教材,讲师们常常会自己编写消费心理学教学单元的内容,因此,尽管教学单元的名称相同,但其内容的差异却很大,这种情况在欧洲颇为常见。因此,有些讲师很可能会觉得这本书的内容并没有涵盖他们希望讲授的所有主题。然而,本书融入了世界各地消费心理学课程中最常见的内容,所以希望不同国家的读者都能感兴趣。

消费心理学领域的发展非常迅速,学科研究不断推陈出新,一项又一项的研究成果令人振奋。本书展示了一些最新的研究成果,也力求全面地呈现出消费心理学的各种观点,其中有前沿新颖的,也有传统保守的。建议对该领域兴趣浓厚的读者除使用这本教科书外,还可以多加研读学术期刊。

本书共13章,每章的结构相同,但主题不同。首先,引言部分会简要概述读者可以从本章了解到的内容。在整个章节中，关键概念会用加粗字体进行强调，以方便读者识别与记忆。最后是本章内容小结，部分章节中，小结后面会有"想一想"专栏，目的在于进一步激发读者思考。

第1章简要地介绍了消费心理学的概念及其学科基础。这一章概述了消费心理学逐渐成为一门学科的发展历程——主要伴随着17世纪中叶到20世纪中叶消费社会的发展而来。特别有趣的是，针对特定消费方面的心理学研究早已屡见不鲜，这一章介绍了一些非常知名的心理学家（他们在大学阶段普遍专攻心理学专业）及其进行过的与消费相关的研究。

第2章介绍记忆与学习。这一章概述了短时记忆和长时记忆等记忆的关键方面，以及消费者如何记住和遗忘信息。此外，这一章还详细描述了行为学习理论、认知学习理论和社会学习理论的方法。对于一名消费心理学家来说，深入地了解认知与学习这两个领域是十分关键的。

与第2章一样，第3章也涵盖了认知心理学方面的内容。在这一章中，我们将讨论感知和注意。读者可以在这一章中了解人类如何感知刺激、感知与注意的联系方式以及如何捕获消费者的注意。

第4章探讨人们如何通过消费来定义自己的身份。这一章讨论人们的身份是如何形成的，以及是否可以通过使用具有象征意义的商品来形成身份。

第5章介绍情绪如何引导消费行为。人们的感受会以各种方式引导大多数的消费行为，消费者无法脱离自己的感受。但情绪的影响往往是潜意识的，因此很难确定情绪在消费行为中到底起着什么样的作用。这一章研究了情绪如何影响注意和回忆等认知过程以及情绪对决策的影响，并且阐释了情绪说服理论，该理论为"消费者能否被消费环境中的因素说服"提供了启示。

第6章探讨态度。这一章研究态度的形成和人们改变态度的原因，同时探讨态度是否可以预测行为，章末还简单介绍了大众媒体对人们态度的影响。

第 7 章介绍广告心理学。鉴于与广告相关的研究已有很多，因此这一章将不再对如何提高广告效用进行全面介绍，而着重讨论如何使用详尽可能性模型来解释广告何时最具说服力，从而使消费者的态度发生积极性转变。此外，这一章还介绍了幽默、性、音乐、恐惧和惊吓等宣传策略的作用。

第 8 章研究消费者购买产品和服务的动机。这一章主要介绍动机以及常见的动机理论。

第 9 章的主题是消费者决策和品牌忠诚。这一章一方面探讨了决策如何受到不同类型的启发法的影响，以及消费者是否能够做出理性的决策；另一方面概述了品牌忠诚的含义，以及消费者为什么会对品牌忠诚。

第 10 章详细阐述互联网及其自出现之时就风靡世界的原因。这一章将焦点投向互联网消费，包括消费者如何在网上搜索信息和做出决定。由于使用互联网本身就是一种消费活动，因此这一章还探讨了看似与消费并不十分相关的内容，即互联网是如何被用作一种社交工具的。

第 11 章讨论儿童消费者与成人消费者的区别。本章还广泛涉及了与之相关的消费的其他内容，如主流媒体（如电视）如何影响儿童的思想和行为、电脑的使用，以及儿童对广告的理解程度。以儿童消费者为对象的研究很多，特别是在电视对其攻击性行为的影响方面，这一章只介绍了该研究领域的一些核心内容，强烈建议对此非常感兴趣的读者阅读相关材料进行补充。

第 12 章主要研究消费和幸福之间是否存在关联。这一章首先定义了什么是幸福，以及如何衡量幸福；其次，通过观察分析高度物质主义和沉迷于物质积累的人群，简要说明消费的不利方面；最后介绍消费有利的一面，并揭示不同类型的消费是如何影响人们的整体幸福感的。

本书的最后一章——第 13 章探讨消费对环境的影响。这一章重点关注消费者如何看待环保产品，以及是否有可能减少对环境有害的商品和服务的消费。

本书主要介绍并回顾消费心理学领域的基本内容，既重温以往的研究成果，也讨论最新的探索尝试。从总体上看，本书涉猎了心理学的多个研究领域，主要集中在认知、行为和社会等传统领域。有些领域的研究，如认知神经心理学，并没有在本书中进行深入的介绍。

最近，认知神经科学的研究也应用到了消费心理学中。功能性磁共振成像（FMRI）的经常使用对消费心理学来说是一种全新的、令人振奋的发展。本书将简要介绍认知神经科学研究的几个方面。书中之所以没有大量涵盖这类研究，部分原因在于消费心理学领域并没有普遍教授这类知识。然而，值得认可的是，这类研究的发展正处于上升阶段，很可能在未来帮助我们更好地了解消费行为。在此之前，让我们把时间和精力集中在现阶段对消费心理学至关重要的学科领域才更为实际。

什么是消费心理学

消费心理学是一门关于理解个体和群体从事消费活动的原因及方式，以及他们如何受消费活动影响的学科。这门学科的研究重点在于人们购买和使用产品和服务时所涉及的认知过程和行为，因为如果不了解人们如何处理信息以及随后将如何行动，就很难解释消费行为。

消费心理学还是一门交叉学科，它综合应用了心理学、营销学、广告学、经济学、社会学和人类学的理论和研究方法。消费心理学涉及许多专业领域，且多年来一直在迅速发展。它涉及的一些较常见的研究领域包括决策、消费决断、知觉和注意、信息处理、消费行为动机的决定因素、态度的形成和改变，还有广告对消费者反应的影响，这些领域通常与营销者、制造商和广告商影响消费者购买特定品牌或产品的决定的方式有关。

然而，也有一些消费研究领域不一定与品牌和产品的销量增长相关，这些领域包括消费对儿童、环境、个体身份塑造的影响。

在学习消费心理学时，对消费者的行为原因和思维方式进行深入探究的意义重大。因为了解得越多，就越容易解释消费行为。

运用科学方法

似乎许多人都认为消费只是常识，不需要用科学的方法来证明，但事实并非如此。首先，人们有时对事物的认识并不正确。其次，科学研究在某些情况下发挥着重要作用，因为它们可以用来解释消费者无法用语言表达的概念。例如在超市购物时，某一特定的商品陈列方式会如何影响消费者，或者他们是否受到了电视广告的影响。因此，对于消费心理学，我们首先要记住它是一门科学，也应该一直将其作为一门科学来看待。

在进行研究时，消费心理学家（就像其他任何心理学家一样）使用了多种研究方法，其中包括定量研究法和定性研究法。本书不再对研究方法的细节进行探讨，但所有真正对心理学感兴趣的读者都应该确保自己熟知哪些研究方法可应用于消费心理学领域。因为如果不清楚研究人员是如何得出结论的，就很难理解研究结果的真正价值。

为什么要研究消费心理学

在日常生活中，人们反复进行着各种各样的消费。做广告、乘火车旅行、购物、看电视、听音乐、上网、买衣服和看书，这些都是人们进行消费的例子，几乎所有的人类行为都与消费直接或间接相关。现在，原本的宗教节日活动大多已经被各种形式的消费所取代，甚至像圣诞节这样的传统节日也是如此，其中最典型的例子就是圣诞老人送礼物。基本上，消费成为人类日常生活的一部分已经是无法避免的事实。因此，如果不研究消费是如何影响个体和群体的，就永远不能说我们真正了解了人类。

鉴于人们消费规模的日趋庞大（尤其是在西方社会当中），所有对人类行为感兴趣的人，无论是心理学家、营销者、消费行为学家、人类学家还是社会学家，都需要仔细研究消费。例如，在美国，平均每人每年要使用大约1333千克纸、食用593千克肉[①]。此外，美国人每年还会在化妆品上花费80亿美元，并消耗250亿升矿泉水。在挪威，每个家庭每年花在食品和饮料上的费用约为3860英镑[②]，

---

① 原书数据如此，疑有误。——译者注
② 1英镑≈8.76人民币。——译者注

花在服装和鞋子上的费用约为1830英镑。而英国的零售额数据则表明，仅需三个月，这些商品的消费金额就可达50亿英镑左右。

其他一些表明人们喜欢消费的销售数据包括，全欧洲每年总共花费大约50亿英镑用于购买冰激凌。据统计，全球范围内的11.2亿家庭拥有一台或多台电视机，汽车使用量超5.31亿辆，瓶装水消费金额约180亿英镑。

上述数据清楚地显示，我们生活在一个消费主导型社会当中。因此，不难看出消费是如何以多种方式渗透到个体生活中的。

消费如何影响人们的生活

心理学家通过研究一再证实，消费是人们生活中不可或缺的一部分。例如，心理学家已经发现，消费活动可以影响人们的身份，以及个体会通过使用特定产品和服务来彰显其社会地位。

其他一些影响人们生活的消费包括男性和女性选择"打扮"自己，这包括从喷香水到做整容手术等一系列可以从某些方面改变人们外貌的方式。尽管"美丽仅指外貌美"这句话现在看来错得离谱，大多数人都会认为外貌美是肤浅的，它与人的智力、情感和精神力量不可同日而语，然而，我们所处的消费社会正促使消费者反其道而行之。媒体不断地给我们灌输理想美的形象，让人们觉得自己不够好、不够漂亮、不够瘦、不够年轻，这样他们就会花钱购买美容产品甚至进行整容手术。与"打扮"相关的问题，以及消费与身份之间的关系都将在第4章详细讨论。

社会发展学家开展了大量研究来说明儿童如何受到主流媒体的影响，这类研究的重点往往是电视暴力是否使儿童更具攻击性。尽管这一领域的研究并不是非黑即白的，但有明确的证据表明，如果儿童接触到具有攻击性的媒体形象，他们确实可能会变得更具攻击性。然而，即使那些具有攻击性的儿童受到了电视暴力的影响，这两者之间也往往找不到直接的关联，这一点将在第 11 章进一步讨论。

受媒体影响的不仅是儿童，还有成年人。人们的价值观、信仰和对他人的看法往往是由他们所接触到的媒体塑造的，例如，电视广告会影响人们看待他人的方式，而情色消费则会影响男性对强奸的态度。在第 6 章里，还会列举更多例子。

媒体曝光的内容（尤其是广告）自然也会影响消费者对特定产品和服务的看法，以及他们是否会做出购买决定。近年来，广告心理学是消费心理学研究的热点之一。现在人们已经掌握了什么能吸引消费者的注意、如何让消费者有意识地思考自己所看到的广告，以及最适合在电视上播放商业广告的时间等。关于广告心理学的内容，详见第 7 章。

消费心理学家花费了相当长的一段时间才使消费心理学发展到今天的水平。如今，我们已经能够了解消费社会如何影响人们，如何解释特定的消费行为，以及消费的各个阶段所涉及的认知过程。众多研究人员，包括心理学家和营销者，都在这一历程中做出了贡献。在消费社会不断发展的同时，研究人员越来越多地试图用科学的方法解释消费活动的各个方面。为便于理解我们是如何达到现如今的研究水平的，有必要对早期研究贡献的背景知识以及当下消费社会的快速发展现状进行了解。

消费心理学如何跟上消费社会的脚步

据历史学家称，欧洲的消费文化始于工业革命之前。这在当时欧洲的许多国家和各社会阶层都有明显体现，如英国的城市和村落、荷兰的农民等。17 世纪中叶到 18 世纪末，消费的增长呈显著态势，但并不是欧洲所有的个体消费都有所增长。然而，随着工业革命的到来，这种情况发生了改变，因为工业革命使各国各阶层的人们的消费都比以往有了较大涨幅。

19 世纪，工业革命席卷欧美，交通运输、金属制造、纺织、农业以及社会结构都发生了根本性的变化。这意味着粮食和原材料的供应有所增加,新兴高效的技术手段使许多产品的总体生产水平得以提高。

随着消费的持续增长,许多科学家认识到,了解消费社会如何影响个体对真正了解人类至关重要。事实上,无论对消费影响的探究是出于社会、经济还是人文原因,它们都直接或间接地对当今的消费心理学这门学科做出了贡献。

消费心理学作为一个独立的研究领域可能相对较新,但将心理学应用于解答消费的相关问题,却比许多人意识到的早得多。由于这是一个跨学科的领域,因此众多不同学科的科学家都为我们理解当今消费问题提供了帮助。尽管无法在此一一提及,但接下来我们将对形成消费心理学学科基础的重要人物及事件进行简要概述。

1840—1920 年

广告与实验心理学的兴起

在18世纪中后期的欧洲工业革命之后,所有与消费有关的产业都顺其自然地实现了快速发展和变化。随着产品产量的增加,制造商之间的竞争日趋激烈,因此,推销现有产品的压力也随之增加。于是,在19世纪40年代,一个叫沃尔尼·帕默尔(Volney Palmer)的人开办了世界上第一家广告公司。这家广告公司提供的服务有限,与当今的广告公司不完全一样,它的主要业务似乎就是充当报纸广告空间的经纪人。然而,不久之后,这家广告公司的业务得以扩展,随后,又有几家同类型的广告公司成立了,提供与广告相关的一系列服务。

随着更容易获得越来越多的产品,人们认为应该让购物变得更加便利。尽管已有一些小商店出售不同类型的产品,但出售的产品范围往往相当有限,人们认为那些可以买到大多数商品的大商店才能让消费者体验到购物的便捷。因此,1852年,世界上第一家百货公司——乐蓬马歇百货公司(Le Bon Marche)在巴黎开业，这是最早宣布不允许讨价还价的地方之一，而且还有退款保证。不久，又有几家这样的百货公司开业，如1878年在纽约开业的梅西百货（Macy's）。很快，全世界就对这种有更多产品选择的大型百货商店习以为常了。

世界上第一个心理学实验室也是在这一时期创立的。1879年，它由德国心理学家威廉·冯特（Wilhelm Wundt）在莱比锡创立。威廉·冯特常被称为"实验心理学之父"，他是心理学第一个主要学派——结构主义的创始人之一。

结构主义侧重于理解心灵的结构，强调关注即时意识经验。冯特在其职业生涯中涉猎了心理学的诸多不同领域，但"注意"可能是与消费心理学最相关的领域。冯特认为注意是知觉的一部分，反映了人们有意识地认识到的东西。他的一些学生，如詹姆斯·卡特尔（James Cattell）和E. B. 铁钦纳（E. B. Titchener），都凭借自己的能力成了著名的心理学家。

物质财富的重要性

19世纪末，科学家们开始认识到物质财富在人们的生活中的重要作用。这一点在威廉·詹姆斯（William James）1890年的著作中有所体现，当时他宣称，财富有助于理解个体的身份。他写道：

在最广泛的意义上……一个人的自我是他所能称之为他的一切的总和，不仅是他的身体和精神力量，还有他的衣服和他的房子、他的妻子和孩子、他的祖先和朋友、他的名声和工作。如果这些东西变多变好，他就会感受到胜利的喜悦，如果变少变坏，他就会感受到失败的沮丧。

这段话摘自詹姆斯的《心理学原理》（*The Principles of Psychology*）一书，他相信个体的自我概念在一定程度上取决于自己是否拥有适当的财富。

詹姆斯是哈佛大学的一名学者，最初学的是哲学。他是早期的实用主义者之一，他对"意识"进行了理论探讨，并且特别关注意识如何使人们适应环境，后来这一思路成了以职场人为研究对象的工业心理学的基础。

学者们开始对广告感兴趣

随着广告业的迅速发展,大批学者纷纷对这一领域产生了兴趣。哈洛·盖尔(Harlow Gale)被认为是广告心理学的创始人,因为他是第一个对广告效果进行实验研究的人。盖尔对广告如何影响注意和记忆很感兴趣,并进行了一系列调查和实验来验证。他在莱比锡时曾是冯特的学生,1895年成为明尼苏达大学的讲师,直至1903年。在此期间,他经营着美国最早的实验心理学实验室之一。

在广告研究的初期,实验心理学家肯定了先前的理论,即消费者是非理性的个体,很容易受到其他因素的影响,沃尔特·迪尔·斯科特(Walter Dill Scott)尤为支持这一理论,他也是冯特的学生。他认为,在丰富的情感、情绪和共情的影响下,消费者更容易接受广告商的建议。1903年,斯科特出版了一本名为《广告理论》(The Theory of Advertising)的书,他在书中积极宣传广告与心理学之间的联系,并指出广告的目的应该是吸引人们的注意。然而,奇怪的是,斯科特从未在学术期刊上发表过任何作品,这或多或少会让人对其作品的严谨性产生怀疑。

可口可乐被告上法庭

1909年,可口可乐公司的一辆载有可口可乐糖浆的卡车被美国政府扣押,之后,可口可乐公司被指控销售含有有害成分(咖啡因)的饮料。1911年,当该公司准备出庭应诉时,他们意识到自己打算在法庭上出示的研究证据只涉及咖啡因会引起的生理反应,而缺少咖啡因对个体行为的影响。因此,可口可乐联系了一位名叫哈里·霍林沃思(Harry Hollingworth)的心理学家,请他对咖啡因如何影响个体行为这一课题展开研究。

霍林沃思随之进行了一系列的研究,旨在测试咖啡因对人们的感觉、认知和运动功能的影响,这些研究大多是他和他的妻子莱塔(Leta)一起进行的。霍林沃思在哥伦比亚大学时曾是詹姆斯·卡特尔(James Cattell)的学生,因此他熟悉卡特尔的心理测试模式,可以很容易地将其应用到研究当中。

霍林沃思夫妇进行的研究证实，即使当咖啡因的摄入量远远大于一瓶可乐中的正常咖啡因含量时，也没有证据能表明咖啡因对人的认知或行为表现会产生有害影响。结果，可口可乐公司在一审中胜诉（虽然终审时还是败诉了）。尽管霍林沃思曾对是否接受可口可乐公司委托的工作犹豫不决，但通过这项工作，他的实验研究的严谨性得到了认可，成了他学术生涯成功的起点。在结束与可口可乐公司的合作后，他转而研究广告如何影响消费行为，此后不久，霍林沃思于1913年写了一本关于这个主题领域的书，名为《广告和销售：呼吁和响应的原则》（*Advertising and Selling: Principles of Appeals and Responses*）。

流水线的发明以及人们对广告研究的持续兴趣

1913年，福特汽车公司的老板亨利·福特（Henry Ford）发明了流水线，它使生产过程变得更加方便快捷。这项发明源于福特想以低廉的成本生产T型车，从而使汽车不再只是高收入阶层才能买得起的产品。在流水线概念出现之前，很多产品都比较昂贵，流水线使得成千上万件甚至数百万件产品都能以相对低廉的成本生产出来，从而带动了制造业的迅猛发展，使产品和品牌之间的竞争变得更加激烈。此时，生产商比以往任何时候都更需要广告商来帮忙销售其产品。福特发明的流水线，无疑助推了当今消费社会的形成。

随着广告迅速成为社会的重要组成部分，人们持续对如何使广告奏效以及广告如何影响个体产生兴趣也就不足为奇了。1914年，有一本风靡美国广告业的书出版了，该书作者是丹尼尔·斯塔奇（Daniel Starch），书名为《广告：原理、实践和技巧》（*Advertising: Its Principles, Practice and Technique*）。斯塔奇的这本关于广告的书着重强调了注意和反应之间的关系，时至今日，广告学期刊上关于这一点的讨论仍在进行。斯塔奇在其职业生涯之初是一名学者，但他很快就意识到自己真正感兴趣的是市场研究，于是他离开了学术界，成立了自己的公司，专门负责测试广告的效果。在《广告：原理、实践和技巧》出版后不久，斯塔奇又写了一本名为《广告原理》（*Principles of Advertising*）的书。在这本书中，他探讨了

19世纪80年代的广告业是如何快速发展的，以及一些月刊的广告增长量何以达到450%。

人们对应用广告的兴趣不断增长，而且并不是只有厂商才看到广告的潜力，政治家们也对此产生了兴趣，因为他们意识到"如何销售产品"的相关理念同样适用于向民众推销自己。这在第一次世界大战期间有明显体现，当时，宣传作为一种手段，被用来鼓励人们继续战斗。例如，英国人和美国人散布谣言说德国人的行为骇人听闻，竟然用敌兵的遗体制造肥皂，以便人们觉得不能让这样一个可怕的国家赢得战争，从而激起他们的斗志。许多所谓的"暴行故事"流传着，虽然有些确有其事，但大多故事完全是为了英美政府的利益而编造的。可是，这些故事似乎也能奏效，恰好证实了广告和宣传的效用。

由于人们对广告效果的兴趣并没有减弱的迹象，因此更多关于这一主题的书籍得以出版。1916年，亨利·福斯特·亚当斯（Henry Foster Adams）出版了一本名为《广告及其心理规律》（*Advertising and its Mental Laws*）的书。亚当斯在这本书中涉及了许多不同的领域，例如使用统计分析来检查人们对广告、性别差异、注意、记忆力和审美的反应。他提倡采用实证结果来尝试理解广告的运作方式，这与近年来出版的许多现代书籍并无太大不同。

1920—1938年

20世纪20年代发生了许多标志性事件，极大地促进了消费社会的发展。1920年，美国第一家广播电台成立。汽车也变得越来越普及（特别是在美国），催生了诸如汽车餐厅等新型服务机构，第一家汽车餐厅于1921年在达拉斯开业。此外，目录邮购在20世纪20年代也大获成功，一时间商品邮购市场上涌现出洗衣机、烤面包机和熨斗等新型产品。在1920年，还有一位著名的学术心理学家加入了一家广告公司。

约翰·布罗德斯·华生

约翰·布罗德斯·华生（John Broadus Watson）是行为主义的创始人，他是第一位将心理学研究方法应用于广告的著名心理学家。华生似乎特别适合说服人们去消费不同类型的产品，他相信既然可以通过训练随心所欲地对个体进行塑造，那当然就不难引导人们购买特定的产品和品牌。因此，1920年，在因与一名研究生有染的丑闻而被迫离开学术界之后，他加入了美国最大的广告公司智威汤逊（J.Walter Thompson）。

华生在其学术生涯中曾借用伊万·巴甫洛夫（Ivan Pavlov）的经典条件反射原理进行实验，其中尤以小阿尔伯特实验最为著名。华生认为，对经典条件反射原理进行系统的应用，就有可能创造出他想要的任何类型的人。华生在一段话中阐述了这种观念，这段话现在已经广为人知，他说：

给我12个健康的婴儿，并让我在特殊的、运行良好的世界中养大他们，我保证随便挑一个，不管他的天赋、嗜好、倾向、能力、职业和他祖先的种族如何，我都能把他培养成我想让他成为的任何一种类型的专家，如医生、律师、艺术家、商业精英，甚至是乞丐和小偷。

这种想法对广告业有吸引力并不奇怪。

许多人认为华生对广告业产生了巨大的影响。有人提出，他最大的贡献是推动了证言式广告的发展，即潜在客户会因为某种产品受到他人赞扬，而愿意去试用这一产品。然而，并不是每个人都相信华生改变了广告的使用方式。也许对于公司来说，雇用华生这一行为本身就是一种营销策略，因为他帮助这家广告公司赢得了更好的声誉。

广告心理学的持续发展

在20世纪20年代中期，又一本关于将心理学应用于消费研究的书问世。该书名为《广告心理学》（*Psychology in Advertising*），作者为阿尔伯特·T. 波芬伯格（Albert T. Poffenberger）。波芬伯格对应用心理学非常感兴趣，在出版了第一本关于心理学和广告的书后，很快又出版了第二本——《应用心理学：原理与方法》（Applied Psychology:Its Principles and Methods），后者被广泛使用并出版了多个版本。

同霍林沃思一样，波芬伯格也曾在哥伦比亚大学攻读心理学硕士，詹姆斯·卡特尔是他的导师之一。因此，波芬伯格的早期作品里有他与霍林沃思于1917年合著的一本书，也就不足为奇了，这本书名为《品味心理学和应用心理学》（The Psychology of Taste and Applied Psychology）。

在其职业生涯中，波芬伯格曾于1915年被任命为美国心理学会（APA）纽约分会的秘书，并在1931年至1933年担任过美国国家研究委员会人类学和心理学司副主席和主席的职务，他还于1930年协助创办了《社会心理学杂志》（The Journal of Social Psychology），并于1934年被任命为APA主席。

另一位心理学家尼克松（Nixon）加深了人们对广告的理解。他的研究主要集中在注意和广告之间的关系上。眼动过程追踪的初步研究就起源于尼克松，当时他正试图确定广告的哪一部分吸引了消费者的注意。为了进行验证，他躲在窗帘后面，仔细观察人们阅读时的眼球运动。尼克松根据研究得出结论，在印刷广告中使用图片可以将消费者的注意引导到文本上来，而广告颜色（彩色广告和黑白广告）对消费者的注意几乎没有影响。自那时以来，眼动追踪技术取得了长足的进步，这一点不言而喻。

新兴消费相关研究领域的多样性

20世纪20年代末到30年代，随着科学家对与消费相关问题的兴趣日益浓厚，出现了一系列聚焦不同消费心理领域的出版物。研究领域包括不同类型的广告如何被轻易想起，广告大小与注意之间是否存在关系，广播广告对人们态度的影响，以及个性是否会影响销售业绩，甚至还包括如果人们喜欢某种玻璃容器，那么他们会更容易回想起什么类型的广告等。《市场营销杂志》(*The Journal of Marketing*)也创刊于这个时期。

在 20 世纪 30 年代后期，不仅消费研究蓬勃发展，整个消费领域也是如此。在第二次世界大战之前，许多产品的销量都创下了纪录，全世界的棉花产量达到了历史新高，目录直邮也大获成功。这在很大程度上要归功于两个人：A. 蒙哥马利·沃德（A. Montgomery Ward）和理查德·沃伦·希尔斯（Richard Warren Sears）。然而，尽管某些产品的销量在增长，但第二次世界大战一开始，情况就变了。

1939—1970 年

第二次世界大战期间

社会心理学家库尔特·勒温（Kurt Lewin）出生于普鲁士（现为波兰的一部分），曾在柏林大学攻读博士学位。1930 年，勒温应邀到斯坦福大学做了为期六个月的访问讲师。当时正逢欧洲动乱，因此，他决定定居美国。1933 年，勒温在美国康奈尔大学获得了一个终身职位，但 1935 年他离开了那里，选择到艾奥瓦大学就职。

在第二次世界大战中，美国农业部请库尔特·勒温帮忙说服民众食用心脏、肾脏和肝脏等高蛋白食物。由于当时可能即将面临粮食短缺的困境，因此不浪费任何可食用和有营养的东西，显得比以往任何时候都更加重要。勒温坚信心理学理论必须在实践中得以应用，因此他成了这项工作的最佳人选。

美国农业部希望确保国民健康，因此在其他食物短缺的情况下，唯一的解决办法就是鼓励人们食用以前经常被丢弃的肉制品。对此，勒温开展了一项研究，比较如何才能最有效地让家庭主妇们参与到食用内脏肉类的活动中来。他分别邀请了两组家庭主妇。第一组被试被反复告知食用内脏肉类对健康有益，但她们没有被问及对此有何想法，只是被动地接受讲解；另一组被试则受邀参加小组讨论，在讨论过程中，主持人请她们为解决粮食短缺的问题出谋划策，讨论的重点是像她们这样的人能否被说服食用内脏肉类。研究发现，32%参与讨论的人在晚宴上吃了内脏肉。因此，勒温证明了参与程度与被说服的可能性呈正相关。

尽管战争时期经济困难，但消费社会仍在持续发展，尽管没有影响到世界的每个角落，而且也不总是像人们预想的那样发展。从那时起，世界进入了电视商业广告的时代。1941年7月1日，一家名为WNBT的美国电视台开始播放含有商业广告的电视节目，但到了1942年，商业广告的播放量骤减。尽管在此之后的很长一段时间里，美国人可能都没有闲情逸致观看电视商业广告，但据报道，这一时期美国58%的家庭至少拥有一辆汽车，所以并非所有的消费乐趣都消失殆尽了。

第二次世界大战后

第二次世界大战后，世界各地的消费水平开始逐渐回升，因此，人们也重拾了对广告的兴趣。当时，一个叫欧内斯特·迪克特（Ernest Dichter）的人决定将弗洛伊德的观点引入美国广告业。迪克特对研究消费者的潜意识很感兴趣，因为他认为消费行为能够通过潜意识中的欲望反映出来。迪克特出生于维也纳，1937年移民到美国，在纽约待了不到10年后，他成立了动机研究所。迪克特的思想在万斯·帕卡德（Vance Packard）所著的一本畅销书中有所体现，并使他声名鹊起。这本书揭示了心理学家在开发销售技巧方面所起的作用，消费者并不总是能意识到这些技巧，所以帕卡德称其为"隐藏的说服者"。

大约也是在这一时期，乔治·卡托纳（George Katona）开创了对消费行为进行调查研究的先河。卡托纳于1901年在匈牙利出生，曾研习心理学，但后来对经济学产生了更为浓厚的兴趣。卡托纳是美国密歇根大学调查研究中心的联合创始人之一，他于1946年至1972年在该中心工作。在此期间，他还研究了消费者对金融问题的预期,并将其归纳为"消费者情绪指数"(idex of consumer sentiment, ICS)。此后,ICS被应用于许多研究,它可以表明消费者对金融前景持乐观还是悲观的态度;卡托纳还发现,当消费者感到自信时,他们会更愿意签订新的信贷协议。

政府提倡发展消费社会

随着第二次世界大战成为历史,世界各国政府都在寻求振兴本国经济的途径,其中一个最有效的方法就是增加消费支出。因此,在20世纪50年代,政治家们忙于宣传生活在消费社会中的好处,这再次给予了广告业生机,这也是在20世纪50年代和60年代出现大量关于态度和说服的研究的原因之一。

1955年,英国第一家商业电视台——独立电视台(ITV)开始播出,尽管该频道最初的收视率并没有预期的那么高,但到1958年,它已经有了500万观众。此后,直到1982年第四频道开播,ITV一直是英国唯一的商业电视台。自20世纪50年代以来,世界各地的商业电视台迅速增多。例如,TV3频道于1987年在斯堪的纳维亚半岛开播;2×2频道于1990年在俄罗斯开播;克罗地亚的第一家私营商业电视台——新星(Nova)频道于2000年开播。

随着消费的持续增长,对消费相关话题感兴趣的心理学家们迫切想要成立自己的组织。于是,1960年,美国心理学会第23分会成立,当时它被称为消费心理学分部,直到1988年才更名为消费心理学协会(即现在的名称)。

20世纪60年代,一系列著名的研究消费行为的书籍得以出版。《心理学年鉴》(*Annual Review of Psychology*)上还发表了第一篇回顾消费心理学作为一个学科领域的发展历程的文章,这篇文章由迪克·特威特(Dik Twedt)于1965年撰写。现如今,这些都已成为历史长河的一部分。

小结 》》》

消费心理学是研究人类与产品和服务有关的行为和思维过程，以及人们如何受到消费活动影响的学科。想要探究消费对人们的影响，可以观察他们选择物质财富的方式——通过选择"合适"的产品，人们得以向其他人展示自己的身份。此外，研究人员还发现，消费能够通过媒体来影响人们的生活，媒体传播的内容会感染人们的价值观和信仰。

消费行为研究的长路漫漫，人们仍不断地在上下求索。工业革命一开始，我们今天所生活的消费社会就迅速形成。在消费增长的同时，科学家们贡献了宝贵的研究成果，这些成果夯实了消费心理学的基础。19世纪末，冯特对注意进行了研究，詹姆斯发现了物质财富对身份认同的影响，盖尔研究了广告对注意的作用。20世纪初，以霍林沃思、华生和波芬伯格为代表的科学家们也对消费相关问题的研究做出了源源不断的贡献，而20世纪后半叶的贡献者主要有勒温、迪克特和卡托纳等人。

想一想 / CONSUMER PSYCHOLOGY

1. 为什么在研究消费心理学时，清楚地了解研究方法很重要？

2. 生活在消费社会当中是好还是坏？

3. 如今我们所生活的消费社会是何时发展成形的？

4. 物质财富是否重要？

5. 流水线的发明使消费行为发生了怎样的改变？

CHAPTER2

第 2 章

为什么消费者总是对你的广告视而不见

本章介绍我们的记忆系统是如何工作的,以及消费者了解产品和服务的不同方式。要想真正理解消费行为,就必须了解以下两方面的内容:一是记忆是如何工作的,这有助于解释为什么消费者会忘记某些营销信息,以及怎样才能帮助消费者记住产品信息;二是不同的学习方法,这有助于阐明如何才能确保"教会"消费者做出特定类型的消费行为。

消费记忆

记忆是一种活跃的思想系统，能够接收、存储、组织、改变和恢复信息。由于大多数消费者的决定都依赖于记忆，因此如果不清楚我们的记忆是如何工作的，就不可能充分理解消费者是如何推理、决策和解决问题的。记忆是个体对过去经历的记录，可以帮助我们学习新的信息，影响我们感知刺激的方式，从而指导我们的行为。因此，对于市场营销者和广告商来说，消费者记不住品牌名称、价格和属性信息是很不幸的。

购买的决定通常是在消费者最初接触到产品信息后的几个小时、几天、几周甚至几个月后做出的。由于消费者对特定产品属性的记忆有限，广告对其所做决策的影响也很有限。消费者若想在日后记住任何与产品或服务相关的信息，就需要对这些信息进行编码和存储。编码、存储和提取（当信息被记住时）的过程表明，我们大脑的运作方式与计算机类似（如图2-1所示）。

在对信息进行编码时，消费者会将他们遇到的刺激转换成一种可以存储在记忆中的表征。在这个阶段，消费者充分认识和理解他们所遇到的刺激是很重要的，如果所提供的刺激模棱两可，那消费者可能会难以理解这些信息，从而无法将其存储在记忆中。在对信息进行编码之后，消费者会将其存储在记忆中，以便日后需要时进行提取。提取产品信息（或其他任何类型的信息）要从激活一个节点开始，这个节点是指存储在长时记忆中的特定信息。当它被激活时，它就会从长时记忆转移到短时记忆，这样人们就会意识到与产品相关的信息。

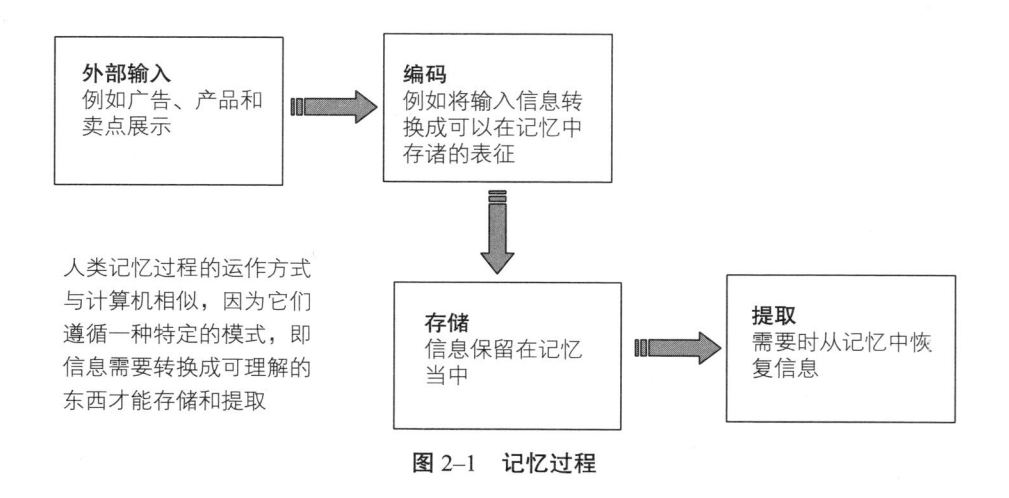

外部输入
例如广告、产品和卖点展示

编码
例如将输入信息转换成可以在记忆中存储的表征

存储
信息保留在记忆当中

提取
需要时从记忆中恢复信息

人类记忆过程的运作方式与计算机相似，因为它们遵循一种特定的模式，即信息需要转换成可理解的东西才能存储和提取

图 2-1　记忆过程

记忆系统

许多关于记忆的理论都基于这样一个假设，即我们的记忆由感觉记忆（sensory memory）、短时记忆（short-term memory，STM）和长时记忆（long-term memory，LTM）三个部分组成。尽管并不是所有的心理学家都支持将记忆划分为这三个独立的部分，但它仍然是最具影响力的记忆模型之一，而且许多信息处理系统都是在此基础上建立的。这三个组成部分对于人们处理、存储以及日后访问与自身正在进行的行为目标相关的信息是必不可少的（如图 2-2 所示）。

感觉记忆

感觉记忆能够使人们在非常短的时间内存储通过各种感觉通道（即视觉、触觉、嗅觉、味觉和听觉）接收的信息。信息会在刺激结束后逗留一段时间，使个体能够提取出最重要的特征，以进行进一步分析。例如，当一个人穿行于繁华的购物区时，各种各样的视觉和听觉刺激会扑面而来。这些杂乱的景象和声音大多没有特殊的意义，但在从某个商店门口经过时，突然听到的一首流行歌曲可能一下子就会吸引这个人的注意，尽管他只听了一两秒钟。在这种情况下，可能需要对刺激进行进一步研究。

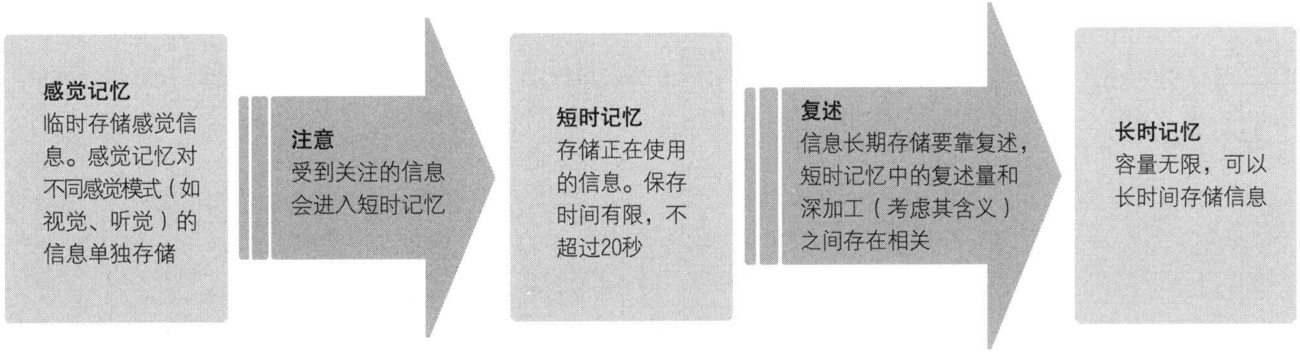

第 2 章　为什么消费者总是对你的广告视而不见

感觉记忆
临时存储感觉信息。感觉记忆对不同感觉模式（如视觉、听觉）的信息单独存储

↑ **注意**
受到关注的信息会进入短时记忆

短时记忆
存储正在使用的信息。保存时间有限，不超过20秒

↑ **复述**
信息长期存储要靠复述，短时记忆中的复述量和深加工（考感其含义）之间存在相关

长时记忆
容量无限，可以长时间存储信息

记忆的三个组成部分论证了感觉记忆、注意、短时记忆、复述和长时记忆之间的关系。

图 2-2　记忆的三个组成部分

023

研究发现，人们接收的视觉信息大约会在 0.5 秒内衰减，而听觉信息大约能持续 2 秒。如果人们对接触到的信息感兴趣，并将其保留下来进行深度加工，那么它就会被转移到短时记忆中。

短时记忆

短时记忆是一种在短时间内存储信息的系统，它的容量有限，负责当前正在处理的信息。乔治·米勒（George Miller）于 1956 年进行了一系列数字广度测试，证明了短时记忆的局限性。在测试过程中，米勒要求被试按照正确的顺序重复一串他们所听到的数字，结果大多数人都可以准确地复述出七个数字，但超过七个却难以做到。米勒从测试中得出结论，短时记忆的容量一般是七个单位，上下可浮动两个单位，也就是说，短时记忆在任何特定时间都能够处理"7±2"条信息。但短时记忆的信息容量可以通过将信息组合成有意义的信息单元（称为组块）来增加。因为无论信息片段的大小如何，人们始终都能回想起大约七个条目。

当人们所面对的信息量超出了短时记忆能够处理的范围时，他们往往更容易回忆起开头或结尾的信息，这就是所谓的**顺序效应**。格兰泽（Glanzer）和坎尼茨（Cunitz）于 1966 年证实了顺序效应。他们向被试展示了一组单词，并要求其按照自己喜欢的任何顺序回忆单词。结果表明，被试普遍对前几个单词（首因效应）和最后几个单词（近因效应）的记忆效果最好。由此，他们得出结论，首因效应的产生是因为最初的几个单词已经通过复述进入了长时记忆，近因效应则是因为在回忆时最后几个单词还保存在短时记忆中，而中间的单词却由于被后面的单词所取代而从记忆中消失了。对于广告商和营销者来说，这意味着他们应该在营销信息中首先或最后呈现出最希望消费者记住的信息，尽管这取决于呈现的信息量有多少。

长时记忆

与短时记忆不同，长时记忆没有容量限制，本质上是无限的——一旦我们的记忆转入长时记忆，它就会在那里存在很长时间，或许会永远存在（关于短时记忆和长时记忆之间的区别，请参见表2–1）。信息从短时记忆进入长时记忆的前提是对所遇到的刺激的意义进行思考，并将其与已经存储在长时记忆中的其他信息联系起来。该信息与长时记忆中的信息的整合程度越高，就越容易被记住。

表2–1　　　　　　　　　　　短时记忆与长时记忆的区别

属性	短时记忆	长时记忆
容量	7±2个组块	无限
持续时长	18秒	永久
信息丢失	复述失败	提取失败
编码	听觉编码（与声音相关）	语义编码（与意义相关）

长时记忆的结构就像一张巨大的蜘蛛网，存储在这个蜘蛛网中的每一条与消费相关的信息均直接或间接地与存储的其他信息相联结，从而形成了一个联想网络。例如，当你听到梅赛德斯–奔驰这个品牌时，首先想到的可能是"私人定制"。但是，当你继续思考的时候，你可能还会想到世界一级方程式锦标赛（Formula One），因为梅赛德斯是其赞助商之一，然后是刘易斯·汉密尔顿（Lewis Hamilton），因为他是一级方程式赛车手之一，然后是娜奥米·坎贝尔（Naomi Campbell），因为她参加了几场一级方程式比赛，然后是其他超模，等等。你思考的时间越长，这些想法就越可能变得不直接相关。但尽管如此，它们与所遇到的原始信息都是有关联的（参见图2–3中认知联想网络的一个例子）。特定联想与品牌名称或产品之间的接近程度可以用反应时法来检验。在此类测试中，被试被要求在听到观点陈述后，根据自己对该陈述的判断以最快的速度按下正确或

图 2-3 认知联想网络示例

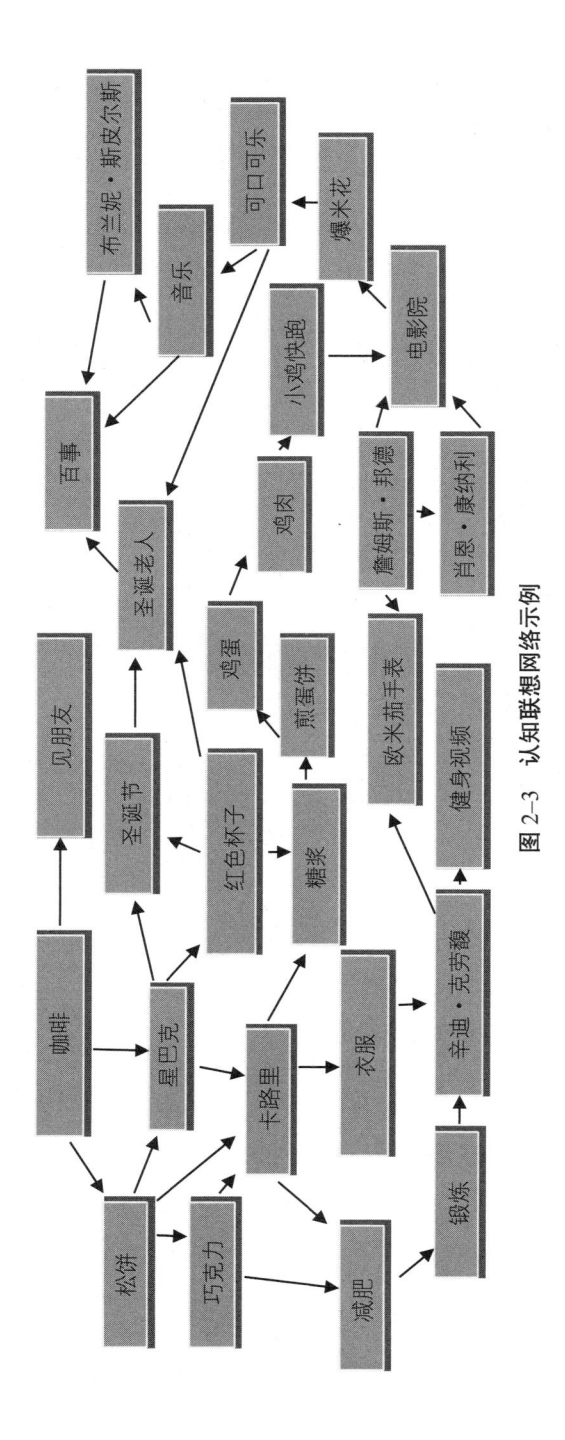

错误的按钮。反应时越长,表明该联想与被测内容之间的关系越远,反之亦然。该方法也可有效运用于理解消费者对特定品牌和产品的认知表征。

联想可以在任何事物之间形成,它可以有意识或无意识地发生。人们只需要同时思考两个概念,就可以在它们之间形成联想,即便这两个概念一开始可能并不相关。联想心理网络会在**启动效应**中发挥作用,即利用现有信息来引导我们对所遇到的其他信息进行判断。例如,在观看了新闻中的暴力事件后,人们的生活似乎更有可能受到暴力事件的影响。

信息的组织方式也会影响其在长时记忆中存储和提取的难易程度。研究人员发现,当多项信息可理解,并清楚地联系在一起时,它们更容易被记住。换句话说,将信息清晰地组合在一起可以提高记忆性能。这一发现源于这样一项研究:研究人员向被试展示了一份不同种类的矿物质清单,然后要求他们尽可能地回忆清单内容。大多数被试只能说出清单中的几种矿物质,然而,当把清单上的矿物质归为稀有、宝石和钻石等特定类别时,被试的记忆性能就大大提升了。

记忆的多重存储模型是一种简化了的模型,因为它只提供了记忆工作原理的基础知识。有证据表明,短时记忆并不是一个单一的存储系统;相反,它是由若干独立的子系统组成的。长时记忆也是如此,它可能由若干针对特定信息的长时记忆系统组成。例如,可能有情景记忆(即对发生在特定地点和特定时间的特定事件的记忆)和语义记忆(即对世界上一般性事实知识的记忆)。值得注意的是,消费领域的研究人员和从业者普遍承认情景记忆和语义记忆之间有区别。商业广告常常试图通过聚焦大部分人的经历来触发情景记忆,通过这种方式,消费者的个体经历就会因广告内容的影响而变得模糊不清。

尽管有批评指出,多重存储模型为理解复杂的记忆系统所提供的框架过于简单,但它仍然是理解人类的记忆如何影响消费行为的良好基础。

记忆与遗忘

一些技巧能够帮助人们记住先前接收到的营销信息，并理解为何会遗忘其中一些信息。很显然，这些技巧会影响消费行为。心理学家提出了许多不同的理论来解释人们为什么会记忆和遗忘，其中有两个理论特别适用于消费心理学：（1）编码特异性原则（起记忆辅助作用）；（2）干扰理论（通常会破坏记忆）。

编码特异性原则

研究发现，人们回忆信息的能力受到编码条件和提取条件之间相似程度的影响（即人们回忆以前经历过的信息的能力，对学习和回忆该信息之间发生的任何环境变化都很敏感）。1973 年，托尔文（Tulving）和汤姆森（Thomson）发现，如果人们所处的环境与首次获得该信息的环境相同，那么他们对事件的记忆就好得多。1975 年，这一发现在戈登（Godden）和巴德利（Baddeley）测试长时记忆是否依赖于情境时得到了进一步证实。在研究过程中，戈登和巴德利要求潜水员在水下 20 英尺①处或水面上学习一组单词。他们的研究结果支持了编码特异性假说，即当编码和提取发生在相同的环境中时，记忆效果最好。

编码特异性原则说明了设置有效的店内广告的重要性。如果在销售端创设广告情境，就可以帮助消费者识别和回忆产品信息，然而，重要的是使用同类刺激，否则将无法发挥更好的效用。例如，如果消费者最初接触的是视觉刺激，那么随后继续接触视觉元素就会比接触听觉元素更能触发回忆。

干扰理论

长久以来，干扰理论都是解释人类遗忘现象的常用理论之一。当人的记忆性能降低时就会受到干扰，即消费者已学习的其他信息会阻止记忆其他特定信息。干扰分为前摄干扰和倒摄干扰两种类型。**前摄干扰**是指新的学习受到旧信息的干

---

① 1 英尺 ≈0.3048 米。——译者注

扰；**倒摄干扰**是指由学习新信息而导致的对先前学习的信息的遗忘。记忆痕迹越相似，干扰程度就越高。例如，假设一个人先后接触了两条性质相似的广告，事后当他们想回忆第二条广告时，实际上记起的可能是第一条广告（前摄干扰）。广告之间越相似（如同类产品或同一厂家的产品），消费者就越容易受到干扰。然而，当消费者对品牌名称高度熟悉时，干扰效应就会消失。

值得一提的是，当消费者试图有意遗忘信息时，干扰则不会产生相同的影响。在这种情况下，人们发现旧信息可以暂时被屏蔽，这也就意味着提取新的产品信息更为容易。

内隐记忆

以前，与消费相关的研究主要集中在外显记忆（执行任务时需要有意识地回忆以往的经验）对消费行为的影响。然而，这种情况逐渐发生了改变，特别是在过去的15年中，研究人员意识到内隐记忆（执行任务时无须有意识地回忆）的作用同样重要。

决策过程中常常会用到内隐记忆，也就是说消费者通常不知晓是什么影响了自己的产品选择。随着对消费者记忆的研究越来越深入，外显记忆和内隐记忆之间的区别也越来越清晰。内隐记忆在衡量广告影响时更有效，而且可能比外显记忆更持久。

雅各比（Jacoby）、凯利（Kelley）、布朗（Brown）和贾塞科（Jasechko）于1989年的一项研究证实了内隐记忆和外显记忆之间的区别。他们发现，将陌生的新名字展示给被试24小时后会被误认为名人的名字。最有可能导致这一现象的原因是被试熟悉了这些名字，而这种熟悉感导致其与名人的名字相混淆。然而，如果一开始就告知被试，那些名字都是新起的，可能被试就会将它们当作普通的名字。这种效应同样适用于品牌名称。

营销人员如何帮助消费者记忆

营销人员可以使用许多不同的技巧，以确保他们的产品和服务更容易被消费者记住，从而在竞争中脱颖而出。这些技巧包括不断地重复营销信息和使用图片。

重复

反复地让消费者接触营销刺激可以提高他们回忆的可能性，并加强品牌名称与特定属性之间的联系。消费者频繁接触到的营销信息也不必完全相同，使用不同的广告来宣传同一品牌，可以更有效地提高回忆的可能性。

当消费者很少或根本不对营销刺激进行思考时，重复接触的效果最好，因为重复提高了信息从短时记忆进入长时记忆的可能性。当消费者不仔细查看信息内容时，他们更有可能相信那些自己重复接触的信息。

但是，研究发现，当人们受到竞争干扰时，即在目标刺激之前或之后接触了其他类似的信息后，重复就无法有效地提高记忆性能了。为了提高重复的效用，一种处理干扰的方式就是，利用目标刺激在某些方面独一无二的特性，使消费者无法将其与其他营销刺激相混淆。

图片提示

图片刺激更容易引起注意，这就解释了为什么大多数消费者倾向于先看有视觉刺激的图片，然后才看配文。毫无疑问，图片对于清晰地呈现短信息和小故事有着不可替代的作用，它们可以增强记忆和帮助回忆。信息以视觉刺激的方式呈现时更容易被识别。这表明消费者在接触过包含图片的广告后，只要环境中有能够触发回忆的恰当线索（例如在销售柜台展示与广告相似的图片），就很容易想起该广告所宣传的产品。此外，使用具有深层意义和复杂性质的图片能确保老年消费者也记住它们。

面向老年消费者的营销

人们的认知过程会随着年龄的增长而发生变化，因此营销者可能需要重新思考针对老年消费者的营销策略。衰老对记忆过程的影响尚不明确，我们也很难知晓已有的研究结果在多大程度上适用于所有老年人。尽管如此，当消费心理学家研究老年消费人群时，有一些说法还是需要注意的。

衰老的影响之一就是信息加工速度的减缓，尤其是人们的短时记忆会受到影响，因此老年人总是很难记住大量不同产品和品牌的信息，这也可以解释为什么他们不太愿意花时间搜索和查看更多的信息。

老年消费者还很难记住图片信息，以及自己是在哪里听到或见到的信息。此外，他们也会对自己是否真的听过或见过某条信息感到困惑，甚至记不清楚信息告知者的性别，结果就是他们的记忆经常会出现差错。为了确保老年消费者能够准确地记住所接触到的信息，营销刺激需要以一种有意义的方式呈现，以便符合他们的图式。将事物置于特定的情境中有助于回忆，这很可能是因为这种方式更有助于信息在容量减少的记忆系统内进行整合。

但是，如果一定要向老年消费者传递复杂的信息，那么最好在早上进行，因为研究发现，他们在这个时段更容易被说服，原因可能是此时他们的信息处理能力还算可以。

学习

通过阅读有关记忆的内容，你会知道消费者必须在对信息进行编码和存储之后才能记住它们，所以到这里，你已经了解了一些与学习有关的认知过程，下面还会介绍更多的相关内容。"学习"可以定义为由于经验而产生的一种相对持久的行为改变。影响学习的经验可以是直接的（使用产品），也可以是间接的（观察别人使用产品）。一般来说，学习可看作由五个要素组成：内驱力、线索刺激、反应、强化和记忆保持（如图 2-4 所示）。

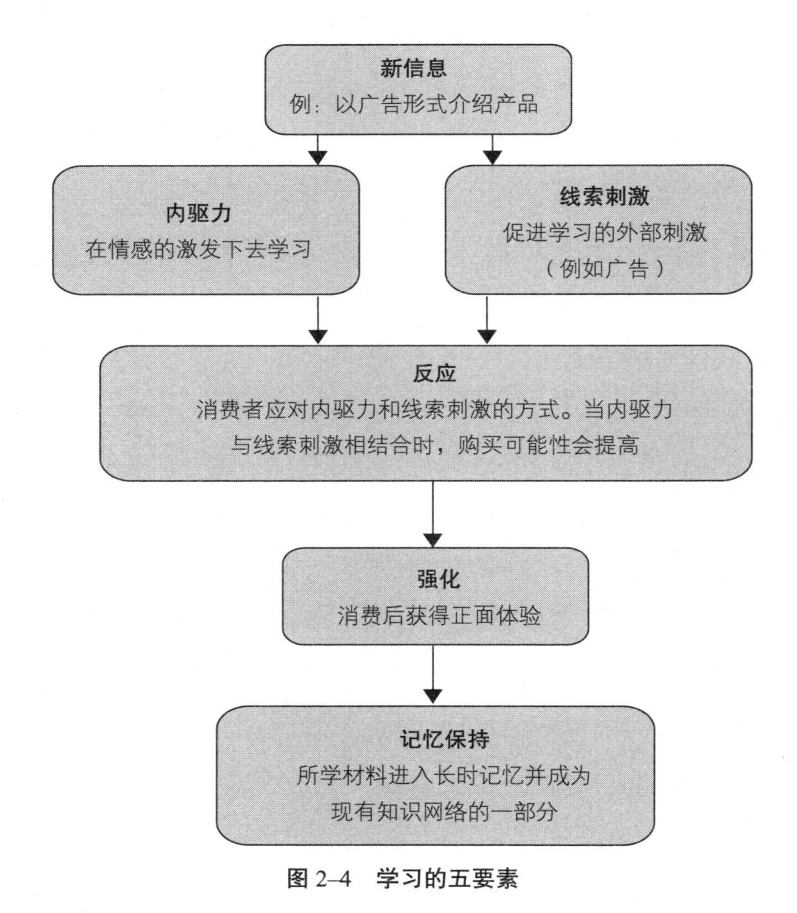

图 2-4　学习的五要素

内驱力：指推动个体采取行动去学习的内部动力。学习发生的可能性会受到快乐或恐惧等情绪反应的影响。

线索刺激：指消费者因受到外部刺激而学习，这种刺激可以是广告、展台或传单。线索刺激在学习过程中的影响力一般不如内驱力。

反应：指消费者对内驱力和线索刺激的反应方式。如果内驱力和线索刺激一起出现，那么购买产品的可能性就会提高。然而，消费者日后是否愿意再次购买则取决于对产品的体验，而不是内驱力与线索刺激。

强化：指消费者在购买了特定的产品或服务后获得的某种正面体验。强化可能源于他人的肯定反馈，也可能来自产品的有效功能，但如果购买产品后没有得到强化，消费者就会转而购买其他产品直至其需求得到满足。

记忆保持：指所学的内容是否能进入长时记忆并且被记住。

大多数学习都基于两种心理表征之间发生的关联。例如，我们可能会学习将梅赛德斯－奔驰这个品牌与"豪华"联系在一起。消费者学到的很多东西都是偶然的，尽管有些学习是有意而为之。关于消费者如何学习的研究，下面将依次概述三个主要理论的主张：行为学习理论、认知学习理论和社会学习理论。

行为学习

行为主义者将所有精力都放在被观察的刺激和反应之间的联系上。这种方法强调可观察到的行为，而忽视与学习有关的心理过程。行为学习的技巧已广泛应用于消费行为研究，其中最常见的两种方法是经典条件反射和操作条件反射。

经典条件反射

经典条件反射是通过学习将一个引起反应的刺激与另一个原本不引起反应的刺激联系起来。伊万·巴甫洛夫是第一个论证经典条件反射过程的人，他所做的实验后来成了心理学史上最著名的实验之一。在实验中，巴甫洛夫在给一只饥肠辘辘的狗喂食前会先摇铃，狗在意识到要被喂食时，就会流口水。之后，他每次给狗喂食前，都会重复摇铃这个动作，结果发现，即使不再提供食物，狗一听到铃声也会流口水。因此，这只狗形成了一听到铃声就流口水的条件反射。

在条件反射形成之后，每次给狗喂食前摇铃，狗都会流口水，因此，巴甫洛夫称食物为无条件刺激（US），狗对食物的反应是无条件反应（UR），铃声是条件刺激（CS），而狗一听到铃声就流口水的行为是条件反应（CR），整个过程被定义为初级条件反射。需要注意的是，US 要紧跟在 CS 之后，如果改变刺激之间的时间间隔，条件作用就没有那么强了。

US 最好是一个具有生物学意义的刺激，就是说它能自然地引起反应，比如食物、性或电击。例如，身着内衣的性感女郎可以激发异性恋男性的性欲（生理反应），因为性唤醒无须事先学习就能发生，这就是一个 UR。所以，性感图片通常被用来作为一种促使经典条件反射发生的营销手段。图 2-5 展示了经典条件反射过程中的不同步骤。

反复将 CS 与 US 进行配对十分重要，否则条件反应可能会逐渐减弱，这种现象被称为**消退**。假如不断呈现 CS 却不呈现 US，那么 CR 发生的可能性就会逐渐降低。让我们再一次以那个身着内衣的性感女郎为例，当该女郎与一辆保时捷车反复配对出现时，许多男性就会在看到这辆车时感到兴奋。但是，如果突然之间保时捷车的广告中不再出现性感女郎，那么随着时间的推移，男人们就越来越不可能在看到保时捷车时感到兴奋，消退由此产生。

高级条件反射

到目前为止，我们所概述的只是初级条件反射，即 CS 与 US 直接相关。除此之外，还有其他类型的经典条件反射，如高级条件反射，即一个 CS 与 US 没有直接相关，而是与一个已经建立起的 CS 进行配对。例如，贾斯汀·汀布莱克（Justin Timberlake）的一首新歌在酒吧和广播里循环播放，这首新歌与美酒和热舞等积极 US 形成配对，因此当人们反复随着音乐的节奏舞动享受时，便会对这首新歌形成积极的态度。然后，再将它与一种新的 CS（如广告中的洗发水）搭配在一起，通过反复播放广告，人们便会对洗发水形成积极的态度。

音乐能够为市场营销提供强有力的帮助。1982 年，戈恩（Gorn）对音乐的影响进行了研究，他指出，人们往往更乐意选择伴随自己喜欢的音乐出现的商品。然而，其他研究者在试图复现戈恩的研究结果时却收效甚微，这使人们对音乐是

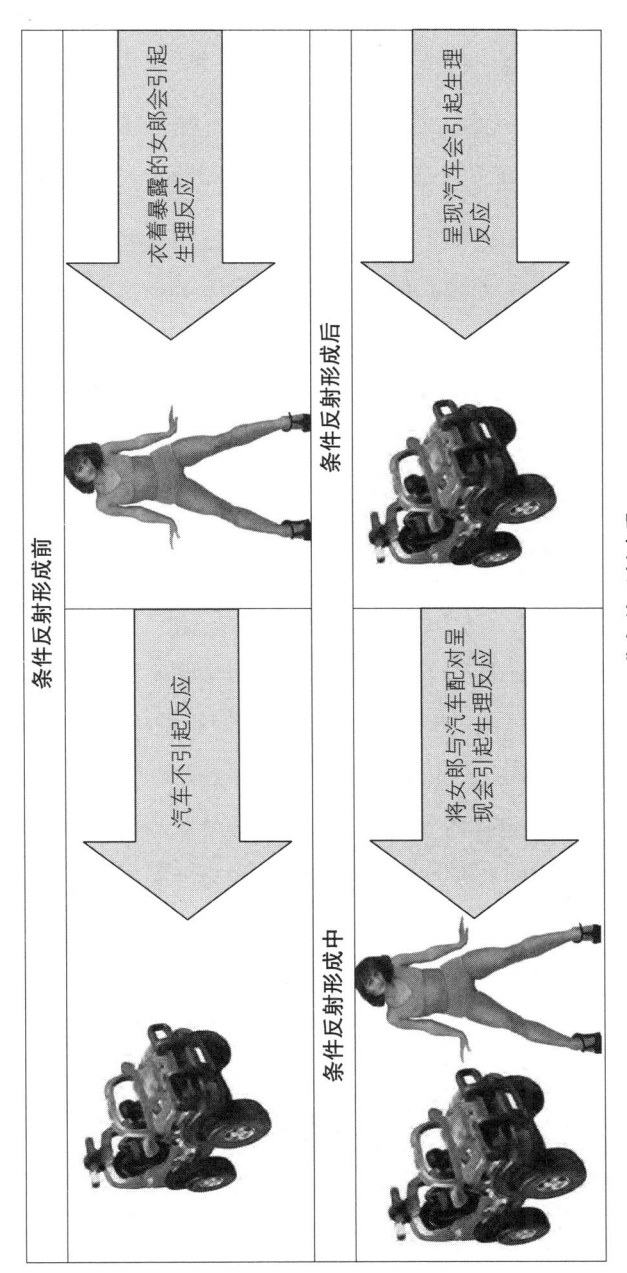

图 2-5　经典条件反射步骤

否总能有效地吸引消费者产生了怀疑。尽管如此，在市场营销和广告领域，人们仍然普遍认为，将音乐运用于经典条件反射可以产生正向的产品评价。

一般情况下，大多数条件反射形式（除了初级条件反射外）都相当不稳定且容易消退。因此，从市场营销的角度来看，坚持屡试不爽的初级条件反射更为保险。

迄今为止，尽管经典条件反射最常应用于广告，但这并不意味着它不适用于其他消费领域。例如，研究发现，信用卡与消费和购买产品或服务产生的积极感觉密切相关。之所以得出这一结论，是因为消费者在信用卡标志出现时更愿意购买高价的商品，或给予慈善机构更多的捐赠，在餐厅吃饭使用信用卡结账时也会给付金额更高的小费。毫无疑问，只要正确加以使用，经典条件反射就可以成为一个有力的营销工具。但不幸的是，许多营销者缺乏对使用经典条件反射的清晰理解，从而导致了低效的联想学习。

操作条件反射

与经典条件反射一样，操作条件反射也可以用来影响消费者的行为。斯金纳（Skinner）于1953年首次提出了操作条件反射（有时也被称为工具学习）的概念。"操作"一词指的是对世界有一定影响的行为。根据消费行为产生的结果积极与否，其再次发生的可能性会提高或降低。积极的结果自然会比消极的结果更受青睐，因此个体更倾向于学习能够产生积极结果的行为，避免那些可能导致消极结果的行为。

操作条件反射和经典条件反射有两个主要区别：一是反应出现的顺序，在经典条件反射中，反应发生在刺激出现之后，而在操作条件反射中，反应发生在刺激出现之前；二是经典条件反射的反应往往是无意识的，而操作条件反射的反应则是因为想要达到某个目标而有意为之。

当行为受到强化或惩罚时，操作条件反射就会发生。强化分为积极强化和消极强化两种类型，二者均能提高操作行为发生的可能性。积极强化是指使用奖励来认可个人的行为，而消极强化是指当期望行为出现后，撤销或终止一些令人不快的事项。惩罚也有两种类型，一种是积极惩罚，一种是消极惩罚，它们都能降低操作行为再次发生的可能性。积极惩罚是指引入一项令人不快的刺激，而消极惩罚是指撤销一项令人愉快的刺激。表 2–2 为这四种条件反射的示例。一般来说，强化比惩罚更有效（因为人们喜欢在自己身上发生积极的事情），每当消费者因做出期望行为而受到奖励时，学习发生的速度就会加快，这就是所谓的**连续强化**。然而，不经常给予奖励的**部分强化**一旦停止，可以使学习持续的时间更长。

表 2–2　　　　　　　　　　操作条件反射的四种类型

操作方法	作为行为的结果而呈现的刺激	刺激对行为的影响
积极强化	消费者每次在森斯伯瑞超市购物时，都可以在会员卡上获得积分，这些积分可以在日后抵销购物花费	提高消费者再次到森斯伯瑞超市购物的可能性
消极强化	头疼时购买阿司匹林，疼痛得到缓解	提高头痛时购买阿司匹林的可能性
积极惩罚	人们驾驶四轮驱动越野车时，需要支付高额的道路税	降低人们购买并驾驶这类汽车的可能性
消极惩罚	停车场决定采取收费停车制，不再免费停车	降低人们再次使用该停车场的可能性

刺激如何成为有效的强化物

普雷马克（Premack）于 1959 年发现，好的强化物就是人们所喜欢的东西。他进行了一项研究，让孩子们在玩弹球机和吃甜食之间做出选择。对于那些喜欢吃甜食的孩子，用甜食作为强化物可以提高他们玩弹球机的速度。同样，对于喜欢玩弹球机的孩子来说，用弹球机作为强化物可以增加他们吃甜食的数量。由此，普雷马克得出结论，将个体喜欢的东西作为奖励可以强化他们的操作行为。

找到某个人喜欢的东西并不难，但要找到很多人都喜欢的东西就有点棘手了，这对于希望利用操作条件反射原理的营销者来说无疑是个挑战。然而，现在已经有一些积极强化物展示出了良好的效果，比如在商场购物时可以在积分卡上获得积分奖励。世界各地的许多商店都实行了这种做法，例如英国的森斯伯瑞（Sainsbury's）、博姿（Boots）和瑞典的海恩斯莫里斯（H&M）。

对于特定的操作行为，强化能够提高该行为再次发生的可能性，而惩罚则会降低该行为再次发生的可能性。

认知学习

认知学习侧重于内在的心理过程，不同于行为学习。行为学习关注行为和学到的内容，认知学习关注的则是学习的方式。认知学习理论家对人们如何看待特定的产品和服务很感兴趣，他们希望能够预测消费者的偏好和选择。通常来说，人的思维方式是理性的，而偏好是在消费者形成有意识的假设之后产生的，他们会根据这些假设采取行动。

大多数关于人们如何学习和记忆有意义信息的认知模型在本质上是相似的，它们一般由许多部分组成，个体需要通过这些模块来存储和提取接触到的材料。认知学习过程可分为五个主要方面：（1）注意；（2）理解；（3）学习；（4）回忆与重构；（5）反馈（如图2-6所示）。

- **注意**。认知学习的第一要义是营销者需要确保他们能抓住消费者的注意。如果做不到这一点，瞬间，营销信息就会混入背景信息中，并很快被其他信息取代（关于注意，详见第3章）。
- **理解**。消费者会对存入短时记忆的新信息进行快速分析，并决定是否对其感兴趣。这一过程可以通过搜索关键字或符号以识别信息的内容来实现。例如，一则以足球运动员为主角的冰激凌广告之所以被人们忽略，可能是因为人们对足球不感兴趣，而且以为这则广告仅与体育有关。一般来说，无论什么提示吸引了一个人的注意，都会被用来评估是否要进一步思考所

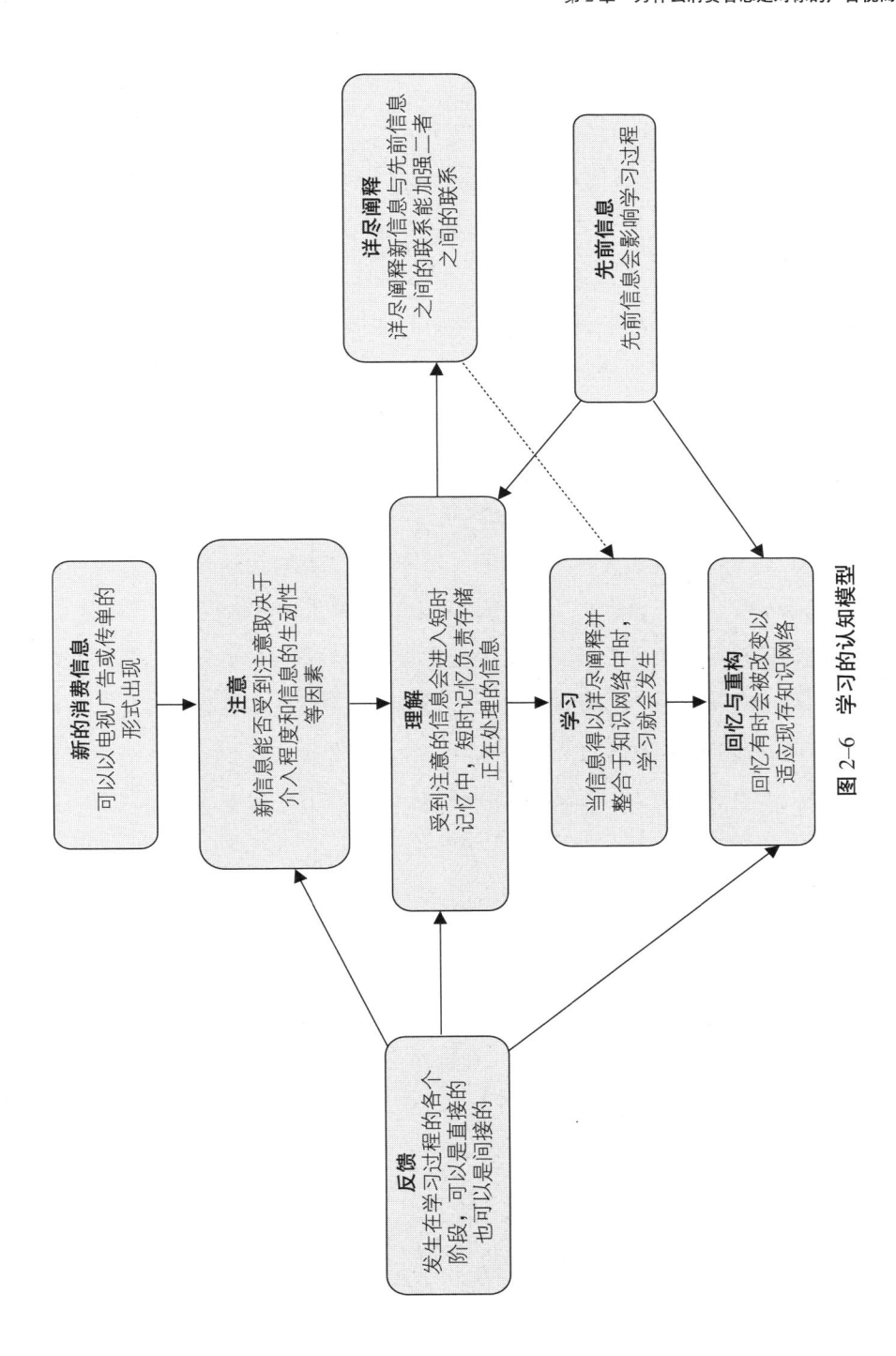

第 2 章 为什么消费者总是对你的广告视而不见

新的消费信息
可以以电视广告或传单的形式出现

→ **注意**
新信息能否受到注意取决于注意程度和信息的生动性等因素

→ **理解**
受到注意的信息会进入短时记忆中，短时记忆负责存储正在处理的信息

→ **学习**
当信息得以详尽阐释并整合于知识网络中时，学习就会发生

→ **回忆与重构**
回忆有时会被改变以适应现存知识网络

详尽阐释
详尽阐释新信息与先前信息之间的联系能加强二者之间的联系

先前信息
先前信息会影响学习过程

反馈
发生在学习过程的各个阶段，可以是直接的，也可以是间接的

图 2-6 学习的认知模型

039

接触到的信息。

输入短时记忆的新信息会同时受到之前存储在长时记忆中的信息的影响。如果新信息与先前的知识有某种联系，那个体很可能会深入思考他们所遇到的刺激（这取决于还有哪些因素可能会同时争夺个体的注意）。如果营销信息的目标受众是"新人"，那么必须确保该信息含义清晰、易于理解。但是，如果目标受众是那些以前体验过某一产品或服务的人群，信息的清晰度就没有那么重要了。例如，一则新型笔记本电脑的广告，在受众对笔记本电脑有着良好了解的前提下，是可以包含技术术语的，但如果厂商针对的是那些以前从未购买过笔记本电脑的人，应避免使用"行话"。

- **学习**。学习是指信息得以详尽地阐释，并与个体现有的知识储备相结合。新的细节可以融入现有的认知结构，也可以改变现有的认知结构。但如果消费者不对信息进行思考，就不太可能将其存储在长时记忆中。

- **回忆与重构**。由于消费者接触到了太多与消费相关的刺激，他们往往很难记住确切的信息内容。消费者能够回想起的只是信息的主旨，而不是确切的措辞。然而，如果信息的含义模棱两可，消费者可能会重构他们的所见所闻，以使其符合已经存在的认知脚本。这意味着，消费者回忆起的某条信息，可能与该信息的实际内容存在很大出入。

- **反馈**。消费者在学习过程的各个阶段都会收到反馈，这是一个重要的决定因素，会影响他们是否会对信息进行详细阐释，并将其与记忆中已有的信息整合，以及是否会以积极的方式接收信息等。反馈可以是直接的也可以是间接的，可以来自文化、家庭、朋友、同事、产品体验、广告和大众媒体。消费者所收到的反馈会与现存记忆相结合，而这反过来又将影响消费者在未来关注和学习的信息种类。

高介入学习与低介入学习

消费者的介入（或兴趣）程度会影响他们是否愿意思考所面对的产品信息，

以及是否渴望了解新的产品和服务。当消费者对产品或服务兴趣不大或根本不感兴趣时，信息处理这一重要环节就不太可能发生。然而，那些对所遇到的产品和营销信息进行广泛思考的消费者则有可能会学习这些信息。为了使介入程度不高的消费者也进行学习，营销者会频繁地重复营销信息。因此，消费学习最常见的形式之一就是重复（机械学习）。让消费者反复接触同样的广告语、广告和品牌名称，就是希望诱导机械学习的发生。机械学习可以通过视觉刺激（映像机械记忆）和听觉刺激（声像机械记忆）而发生。通过重复进行学习只能与长时记忆中的其他信息片段产生微弱的关联，因此学到的内容可能不会持久；相反，如果个体能够自己"发现"有关产品的信息，效果会更好。

通常来讲，当消费者有学习动机时，营销者更容易促成他们的学习。如果消费者被迫努力学习某些东西，他们就会变得疲惫，可能会希望将自己的认知能力用作他用。因此，消费者会对所接触的信息做最少量的保存，这种现象主要出现在个体对所接触的信息有一定掌控的条件下。以互联网为例，人们总是会反复使用同一个网站，这样他们就不必学习如何浏览一个新网站，而且能避开那些操作复杂的网站。因此，人们在线搜索信息时，往往会受限。

消费者对产品或品牌的熟悉程度也会影响他们的认知学习能力。他们对某类产品了解得越少，就越不可能记住与该产品相关的信息。例如，与摄影经验少或毫无摄影经验的人相比，一个对摄影有浓厚兴趣的人更可能多方查找信息，并且更快地了解不同类型的数码相机。此外，信息的易得性也在学习过程中起着重要作用。如果消费者需要的信息很难获得或含糊不清，学习就不太可能发生。

社会学习

社会学习是间接学习的一种形式，是通过观察他人的行为以及该行为的后果而发生的。阿尔伯特·班杜拉（Albert Bandura）于1965年、1969年分别进行了一系列实验来证明儿童是通过社会学习而学习的。在其中一项实验里，孩子们观看了一段视频，视频中一个成年人对一个波波玩偶（一种大塑料娃娃）拳打脚踢并朝其乱扔东西，视频的结局则分组设定：第一组孩子看到的结局是打了波波玩偶的人最后获得了奖赏；第二组的结局却正好相反，那个人因为殴打波波玩偶而受到了惩罚；第三组看到的结局是那个人既没获得奖赏也没受到惩罚（此为控制组）。之后，研究人员让所有的孩子都跟波波玩偶玩，同时对他们进行观察。与控制组相比，那些看到视频中的人因为对波波玩偶做出恶劣行径而获得奖赏的孩子更有可能对波波玩偶做出攻击行为；相反，那些看到视频中的人因恶劣行径而被惩罚的孩子攻击玩偶的可能性则比控制组低。

这表明观察学习已经发生，行为的后果（受到惩罚或奖励）作为一种强化因素，决定了孩子们是否会复制他们所看到的行为。然而，在后续研究中，班杜拉和罗斯发现，奖赏或惩罚并不是社会学习发生的必要条件。班杜拉的研究也同样适用于成年人，因为成年人往往热衷于模仿他们所仰慕和尊敬的人的行为。

正如经典条件反射一样，社会学习也经常被用于广告当中。例如，如果消费者看到他们的偶像，比如碧昂斯（Beyoncé）[①]或者大卫·贝克汉姆（David Beckham）为某款产品代言，也许是百事可乐或者警察牌（Police）太阳镜，那么他们就更有可能购买该产品。社会学习不仅适用于利用名人进行的广告活动，对受欢迎的电视节目和影视剧中的广告植入也收效甚佳。

专家型学习者

那些特定消费领域的专家与对该领域知之甚少或根本不懂的人的学习有很大不同。与学习的其他研究领域相比，关于专家如何学习消费相关信息的研究还相对较新。当消费者能够有效地执行与产品相关的任务时就实现了专业技能的学习，这与熟悉产品和服务是不同的，尽管从这种熟悉中获得的经验可以丰富专家的

---

① 美国女歌手、演员。——译者注

知识。

专家学习和适应信息的能力要比新手强得多。例如，那些对产品有广泛了解的消费者能够根据实际情况选择产品，而新手消费者却很难记住适合不同情况的各种产品。研究还发现，那些对产品比较了解的消费者对产品体验的记忆也更为深刻，同时较少受到其他广告的误导。

小结 》》》

对于消费者来说，要想记住信息，就需要对信息进行编码、存储和提取。一般认为，记忆有三种类型，即感觉记忆、短时记忆和长时记忆，尽管一些研究者认为这样的分类太过简单，呼吁要更加细化。根据编码特异性假说，如果消费者回忆信息时所处的环境与他们学习信息时的环境相似，那么他们回忆先前习得的信息的效果就会更好。

当刺激的性质相似时，就会出现干扰，而反复地让消费者接触营销信息可以对抗干扰。重复可以帮助记忆，使用良好的视觉刺激也能帮助记忆，特别是针对老年消费者。

没有记忆，消费者就无法了解产品和服务。学习研究有不同的理论框架，包括行为学习理论、认知学习理论和社会学习理论。行为学习理论强调可观察的行为结果，认知学习理论关注心理过程，社会学习理论的焦点在于人们如何在社会环境中观察他人。这三种理论都为如何组织营销活动以提高消费者的学习能力提供了一些启示。

CHAPTER3

第 3 章

如何才能吸引消费者的注意力

感知与注意是理解消费者处理信息和选择过程中的两个重要方面。消费刺激的评估由感知引导,而感知又与人们先前的经验相联系。这反过来也会影响消费者会注意到什么样的刺激。如果消费者没有注意到某种产品,他们也就不可能去购买它。这一章旨在论述感知与注意之间的联系,并分别对二者进行探讨,力求说明为什么消费者会以自身特定的方式来感知信息,并强调影响消费者注意的各方面因素。

感知与注意之间的联系

这一章讨论感知和注意，因为这两者是紧密相连的。人类所注意到的一切终归都会受到感知的影响。人们一旦开始寻找需要关注的元素，感知就开始工作了，这种情况时时刻刻都在发生，无论人们的处境如何。消费者对产品和服务的认知往往受到营销方式、个人经历以及周边社会评价的影响。

感知会引导消费者的注意，使他们主要关注自己感兴趣的信息。任何人都不可能注意到他们所遇到的所有营销刺激，因为人们无时无刻不在遭受信息的轰炸。购物时，货架上充斥着无数紧密排列的商品，许多街角都竖立着广告牌，每天的报纸上都有大量的广告，电视和收音机里也在时刻播放广告。很明显，消费者无法注意到全部。事实上，注意最显著的特点之一就是人们只会关注所接触的某些刺激，并对其进行选择性的处理，同时忽略掉其他元素。

感知

感知就是一种"将通过感觉器官从环境中获得的信息转化为对物体、事件、声音、味道和接触等的体验"的方式。这是一个选择、组织和解释刺激的过程。感知不应与感觉混淆，因为感觉只是简单地呈现给我们的不同感官未经解释的信息；而感知则包含附加在感觉上的意义。这种意义源自现有的信念、态度和一般倾向，意味着人们感知事物的方式是主观的。

对感知的研究主要集中在外部环境中的信息受到注意的无意识过程上。它受先前经验的影响，具有倾向性，因此只有特定的事物才能引起我们的感知。感知是一个主动的过程，不断地对人们的感官所提供的信息进行分类和解释，它使人们几乎能瞬间理解所遇到的物体和场景的意义。这是通过将先前的经验与遇到的刺激联系起来，以及调整感知刺激的方式来实现的。然后，这些信息被协调起来，形成一个感知模式，随后被存储在记忆中。

格式塔理论

对感知的研究，有一方面已经较为深入，那就是"将特征组合成完整的图形"。这方面的研究最初是由一群德国心理学家在19世纪末至20世纪初进行的，他们后来被称为格式塔心理学派（格式塔意为"大致的整体"）。这个名字来自他们的这样一种信念，即人类倾向于看到独特的形状，即使其设计特征是不规则的。格式塔心理学无疑对我们的理解和感知过程产生了重大影响。然而，有些批评的声音却认为格式塔定律很难适用于人类如何感知三维物体。但无论如何，格式塔定律都适用于图画等二维物体，适合与广告和销售点展示等营销刺激结合起来。

格式塔心理学家提出了许多定律（也被称为**简单性原则**）和原理，用于解释如何将刺激组合成形状和模式，从而使人们即便在第一次看到某种刺激时也能将其感知为一个整体，这些原则决定着刺激的感知方式。最常用的帮助理解消费者感知的格式塔理论包括接近律、闭合律、相似律和图形-背景原理。

接近律

相邻的刺激往往会被当成组合（如图3-1a所示）。例如，如果两个人站在彼此附近，第三个人站在离这两个人20英尺远的地方，那么第三个人就会被认为是局外人或陌生人。零售商经常利用这一原理，把他们认为在某种程度上相互补充的商品紧挨着摆放，这样消费者就有可能把它们一起买走。例如，他们可能会在意大利面酱旁摆放意大利面或意大利葡萄酒。

闭合律

当人们短暂地观察不规则几何图形时，不会注意到图形的不完整性，而是会将其视为完整的形状，这就是所谓的闭合律（见图3-1b）。例如，即使一个三角形并不完整，个体也会利用先验经验自动填补空白，仍然将其感知为一个完整的图形。这一感知定律解释了为什么消费者能够"脑补"用于营销目的的词汇中缺失的字母。有时，广告会故意省略几个字母，以此来鼓励消费者与他们所遇到的刺激进行互动，希望他们能注意并进一步处理信息。一则用来推销J&B苏格兰威士忌的圣诞节广告正是一个恰如其分的例子。在这则广告中，"ingle bells（铃儿响叮当），jingle ells（铃儿响叮当）"这两句歌词分别省略了字母"J"和"B"，而广告的底部则写着"没有J&B，假期就没有假期的味道了"。

相似律

相似律的概念是，人们通常会将外观上有某些相似性的物体组合在一起（见图3-1c）。韦特海墨（Wertheimer）将其描述为："在其他条件相同的情况下，如果几个刺激同时呈现，人们会倾向于把相似的物体归类到一起。"

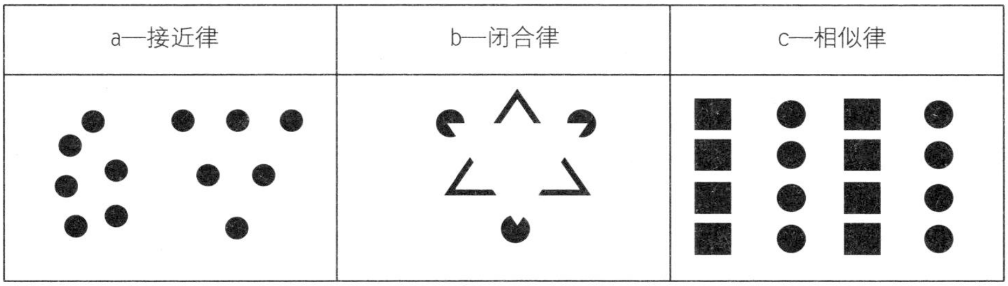

a—接近律	b—闭合律	c—相似律
● ● ●　● ● ● ●　● ●	△	■ ■　● ● ■ ■　● ● ■ ■　● ● ■ ■　● ●

图3-1 简单性原则

消费者在根据产品的外观特征对其进行分类时，往往会利用最显著的特征，如颜色和形状。如果消费者自动根据相似的特征对产品进行分类，那意味着他们认为这类产品在本质上是相同的。这就是为什么人们常常将"自有品牌的产品"

（如超市自产的可乐饮料）做成与知名品牌的产品（如可口可乐或百事可乐）包装相似的原因。此外，制造商在延伸产品线时也会利用这一规律，它们总是对产品进行相似的设计，这样消费者就会很容易地将产品归类为某个特定的品牌。

图形 – 背景原理

简单性原则有助于解释为什么人们会将对物品的感知与周围的其他刺激分开，并且表现为具有独特意义的形式。这其中有一个重要的过程，即图形 – 背景原理，它使人们能够理解输入的信息。这是一个简单的概念，即刺激的一部分看起来是一个坚实且清晰的物体（图形），而其余部分则不那么明显（背景）。人们对刺激越熟悉，就越容易决定它应该被视为图形还是背景。然而，即使是不熟悉的、无意义的刺激也可以被感知为图形，如图 3–2 所示。因此，熟悉对于人们的感知形式来说，并不是一个必要条件。

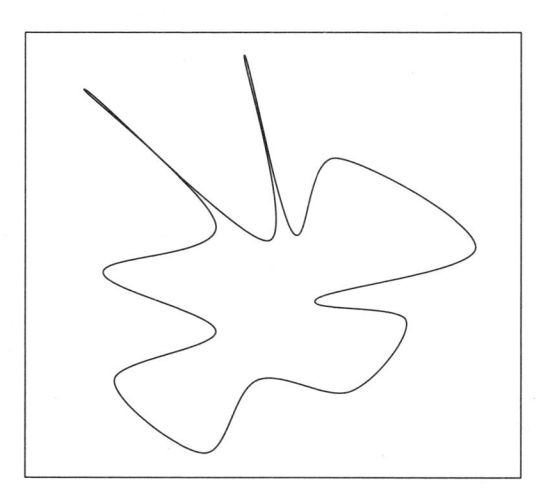

不熟悉的物体也可以被看作一个图形，
只要它的轮廓是闭合的

图 3–2　不熟悉物体的例子

有时，我们不清楚刺激的哪一部分是图形，哪一部分是背景，因此可能会采用两种不同的方式来感知图形，这就是所谓的图形–背景转换。图形–背景转换说明了有限的信息处理能力是如何迫使人们在同一时间专注于一个刺激的。当你在图 3-3 中的两种图案之间切换时，你就会对图形–背景转换原理有一个清晰的认识。

什么被视为"图形"和什么被视为
"背景"会因人而异

图 3-3　图形—背景转换

由于消费者在同一时间只会关注一个刺激，因此广告商和营销者通常会尽量使一个特定的刺激成为焦点。图形就是他们希望凸显的信息，背景则是支持图形的信息。在使用图形–背景原理时，营销者通常会消除一些会立即引起消费者注意的信息，从而缓解其短时记忆的信息处理压力，使消费者日后处理和回忆这些信息更加容易。

不同感官的使用

视觉

格式塔理论主要关注视觉输入对人类感知的影响。在所有人类用到的感官当中，视觉是最常被研究和讨论的一种。视觉注意是消费（和其他）环境中获取信息的一种重要方式，而且它确实占了人类感知的大约80%。视觉感知不仅使人们能够体验物体的存在以及它们的颜色、形状和位置，而且还是公认的理解消费者与销售点展示之间相互作用的一个关键因素，其部分原因自然在于，视觉往往是消费者搜集产品和品牌信息的唯一途径。

消费者在消费环境中所做的第一件事是进行视觉搜索，以便定位他们可以关注的目标。神经解剖学研究表明，这是感知的一个关键方面。这种视觉搜索会受到潜在的动机因素的引导，动机也会影响人们处理视觉刺激的方式。在一项研究中，研究人员向被试展示了一个模棱两可的图形，这个图形可以被解释为字母"B"或数字"13"。根据看到的字母或数字，被试被分成两组来完成以下任务：（1）喝鲜榨橙汁；（2）喝一种难闻、看起来非常倒胃口的健康饮料。结果表明，被试会根据自己想被分配到哪个任务而对这一模棱两可的图形做出相应的解释，因此证明了动机会影响感知。

尽管我们的视觉在如何感知消费刺激中起着重要作用，但要记住，我们的大部分知识并不仅仅是通过某一种感官获得的。人们的感官是共同发挥作用的，比如，触觉可以影响对不同物体表面的视觉感知。因此，零售商和营销者想方设法地利用视觉以及其他各种感官刺激来影响我们的感知是有道理的。

听觉

不同类型的声音经常被用于与消费者进行交流。通常，嘈杂的声音只是被用来吸引消费者的注意，但它们也能够改变人们的感知。例如，当你走在大街上的时候，你经常会听到商店里播放的响亮而清晰的音乐。在一定程度上，这是为了吸引人们的注意，但也用来影响他们对商店的认知方式。

声音可以影响消费者感知的许多不同方面，例如，声音可以给消费者营造一种良好的心境，增加产品的亲和力，并影响消费者对时间的感知。多数营销研究都涉及音乐，这一点也不奇怪，因为消费者经常会在商店、电视和收音机里听到音乐。研究人员发现，当零售店中播放来自某一特定国家的音乐时，该国制造的产品的销售额就有可能提高。

电视广告中使用的声音的音调也能影响人们对产品的感知。查托帕迪亚（Chattopadhyay）、达尔（Dahl）、里奇（Ritchie）和沙欣（Shahin）都发现，与其他类型的声音相比，语速较快且音调较低的声音会增加消费者对广告和品牌的整体好感。

嗅觉

不同类型的气味可以使人以一种特殊的方式感知产品和环境。当香味是产品（如肥皂或洗发水）不可分割的一部分时，改变香味极有可能影响产品被感知的方式。即使品牌的质量和整体功能保持不变，这种情况也必然会发生。

根据其来源，气味可分为两种不同的类型。如果它来自特定产品，通常会被称为非环境气味；如果它是普遍存在的，例如在零售环境中，则被称为环境气味。非环境气味可以进一步划分为一致性气味（产品闻起来符合其应有的气味，例如一罐咖啡闻起来有浓郁的咖啡香味）和非一致性气味（产品闻起来与预期不一致，例如咖啡闻起来有草莓味）。

一般来说，气味（包括环境气味和非环境气味）能够触发人们的记忆和联想，使他们以积极或消极的方式看待某些事物。这就是为什么超市会利用新鲜出炉的面包的气味让消费者认为所有产品都是新鲜的。同时，这种气味还会触发人们的传统价值观念，让他们回忆起儿时的经历，如想起母亲是如何烘焙面包和蛋糕的。其他类型的商店，比如卖肥皂或咖啡的商店，会让潜在顾客在到店门口之前就能闻到商品的味道。这是因为"好闻"的气味可以使消费者更加积极地感知商店及其商品。

研究还发现，即使气味与产品之间没有直接联系，好闻的气味也会影响对产品的感知。例如，耐克公司发现，消费者在充满花香的氛围中试穿运动鞋时，明显比在没有香味的房间里试穿的反响要好。

然而，即使气味能促进产生积极感知，也应控制气味的使用强度，否则有可能引发消费者对产品和零售环境的不利感知。研究人员发现，气味强度和积极反应之间呈倒 U 形关系，这意味着适度的气味会对人的感知产生最积极的影响。也就是说，那些在低浓度时能被积极感知的气味，在高浓度时反而会产生负面影响。

与听觉刺激一样，嗅觉刺激也会影响消费者对其他消费相关因素的感知，比如在零售场所中逗留时间的长短。当没有香味时，人们会认为自己在商店里逗留的时间比实际逗留的时间长，有香味时则正好相反。尽管有大量的研究表明气味可以影响感知，但要注意，这种影响可能并不总是那么直接，因为气味会与其他因素相互作用，比如光顾零售场所的人数等。米琼（Michon）、切巴特（Chebat）和特利（Turley）发现，环境气味和购物人数及密度之间存在 U 形关系。基本上，只有当密度适中时，人们才会对有好闻气味的购物中心产生良好的感觉，也才会对产品质量产生积极感知。

触觉

尽管近年来研究人员对这一领域的兴趣有所提高，但关于触觉如何影响消费者对产品的感知的研究仍然相对有限。现有的研究清楚地证明了触觉能改变消费者查看物品的方式，这一点毋庸置疑，因为皮肤对触压极为敏感，人类的感知系统在辨别刺激时会受到视觉和触觉系统的影响。

消费者在对产品进行视觉评估后，一般会通过触摸进一步探索刺激，以便做出某种形式的辨别。这一行为在人们的幼年时期表现得尤为明显，人们在很小的时候就会用触觉来探索和评估周围的环境。这种情况会一直延续到成年期。比如在购买衣服时，人们首先倾向于从视觉上浏览商店，寻找一件自己喜欢的衣服，然后触摸它，以确定其触感是否符合自己的预期。霍尔尼克（Hornik）认为，仅仅是触摸商品就能使消费者对其做出有利于购买的评估，因为经他研究发现，消费者有 88% 的可能性会购买自己接触过的产品。然而，如果产品的触感达不到消费者的预期，情况就可能大为不同，会导致消费者对刺激产生负面看法。

尽管如此，让消费者触摸产品似乎仍是有利的，因为如果他们想这样做而又不被允许，那他们可能会产生挫败感，而这种挫败感更有可能导致其以负面的方式看待产品。

味觉

确保消费者对食品有直接的体验是个好主意，因为研究发现，这样做会让他们产生与购买意图更一致的态度。因此，允许消费者在店内品尝食品是提高购买可能性的一个好方法。此外，研究还发现，让消费者品尝样品可以减少店内刺激（如牛肉包装上的标签等）对他们感知产品的影响。

由于味道可以影响人们对产品的感知方式，因此对于食品和饮料厂商来说，了解不同的味道会获得怎样的评价十分重要。这也是为什么许多厂商都会雇用专门的口味测试团队来测试产品的感知方式是否符合预期。有些公司也会利用"盲品测试"（一种让人们在不知道产品品种的情况下品尝产品的方法）来了解消费者对产品的看法，以及他们是否能分辨出相似产品和相似品牌之间的区别。口味测试非常有价值，因为它专注于产品的口味，而不是品牌或设计。然而，这一点也正是它最大的缺陷，因为消费者的味觉感知往往会受到品牌和视觉设计特征的影响，这些因素很容易使他们对产品的味道产生或好或坏的感知。

审美

消费者对产品产生好感的很大一部分原因在于其外观特征。外观特征会影响消费者对产品、展示或零售环境是否有吸引力的判断。产品和展示的设计方式最终会决定人们的感知，这就是美学之所以越来越受到消费心理学家和营销者认可的原因。尽管美学评价对设计问题确有影响，但在市场营销类文献中并没有多少与消费行为相关的实证研究。营销者面临的困境是，如何向消费者提供能产生有利感知的信息。伯莱因（Berlyne）提出不同的文化对刺激的反应可能是相同的，这表明有一些潜在的共性因素决定着消费者对设计的整体偏好。他还提出，那些复杂多变、新颖独特和出人意料的刺激能够让消费者产生更有利购买的感知。

伯莱因的观点使许多环境研究人员提出这样一种假设，即当环境以一种特殊的方式被感知时，环境本身也应该受到青睐。他们验证了这种想法，并且发现那些被认为"神秘"（包含隐藏信息，从而吸引个体不断寻找）、"复杂"（数量和种类繁多）、"连贯"（元素的整合程度高）和"清晰"（特殊性强，有助于观众对内容进行分类）的环境能够产生积极的审美反应。伯莱因、赫尔佐格（Herzog）和卡普兰（Kaplan）等提出的观念可以应用到产品和零售环境当中。然而，这还有待实证检验。不过，利用现有的观念有可能促使消费者产生更积极的消费感知。

注意

注意是指短时记忆的内容，它指向内外部呈现的刺激。瓦赫特尔（Wachtel）将注意比作探照灯，因为它短暂地指向我们所关注的刺激，并暂时意识到它，直到转移到下一个刺激，然后是下一个，以此类推。从营销者的角度来看，设法抓住消费者的全部注意，并使其停留在特定的期望焦点上至关重要，否则消费者可能会重新将注意集中到其竞争对手的营销刺激上。

什么能抓住消费者的注意？这其中有很多影响因素，比如信息的相关性、消费者的动机等。例如，如果一个消费者有某种"特定"的兴趣，如特别喜欢某种时尚的颜色，那这种颜色就可能会吸引其注意。其他影响消费者能否注意到刺激的因素还包括信息的显著性和生动程度，这些因素（如显著刺激和生动形象刺激）会在第 7 章关于广告的内容中进行讨论，本章不再赘述。这两个因素都能在广告以外的许多不同环境中吸引消费者的注意。

大多数营销者的目标是确保消费者把全部注意集中在一个特定的刺激上，使其尽可能清晰地被感知，这就是焦点注意。由于消费者从外部环境中获取的信息被暂时存储在短时记忆中，而短时记忆在任一时间内都只能处理有限的信息（约七个信息组块），因此消费者便会自动注意焦点信息而忽略非焦点信息，进而更容易回忆起那些吸引他们注意的元素。

唤醒

人们在不同时间点的唤醒程度会影响他们对不同刺激的关注程度。保持警觉能够使消费者对周围的刺激更敏感，同时也影响他们所能关注的信息量。我们可以将唤醒视为一个连续体来衡量，低水平的唤醒是人们昏昏欲睡、非常疲倦或几乎睡着时的状态，而高水平的唤醒是由刺激性事件或生理兴奋剂（如咖啡因）造成的。

研究人员发现，唤醒和注意之间呈倒 U 形关系（如图 3-4）。当唤醒状态处于低水平时，注意也处于低水平，因为大多数人在疲劳时都很难注意信息，大多数学生在为考试"临阵磨枪"、深夜"临时抱佛脚"时都会有这样的经历。然后，注意水平与我们的唤醒水平同步提高，直到我们感到适度的唤醒。当人们处于适度唤醒状态时，认知能力也处于最佳状态，此时，与处于高水平或低水平唤醒状态时相比，人们能够处理更多的信息。此后，注意水平会随着唤醒水平的升高而降低，最终，过度唤醒会令人产生类似于几乎没有被唤醒时的状态。随后，人们会因为受到过度刺激而难以集中注意，或许还会处于不安的边缘。在这种情况下，人们更容易把注意集中在少量信息上。

倒 U 形关系表明，当消费者可能体验到适度唤醒的时候，营销者向他们展示信息十分重要。这一点已经通过一项研究得到了证实。这项研究表明，观看"超级碗"（美国橄榄球联盟的年度冠军赛）的观众，如果在观赛时选择支持其中一支球队，那他们就会忘记比赛期间播放的电视广告，而那些只是出于一般娱乐目的而观看比赛的观众则不会忘记。这是因为两支球队的支持者在观看比赛时被高度唤醒，因此没有注意到广告。

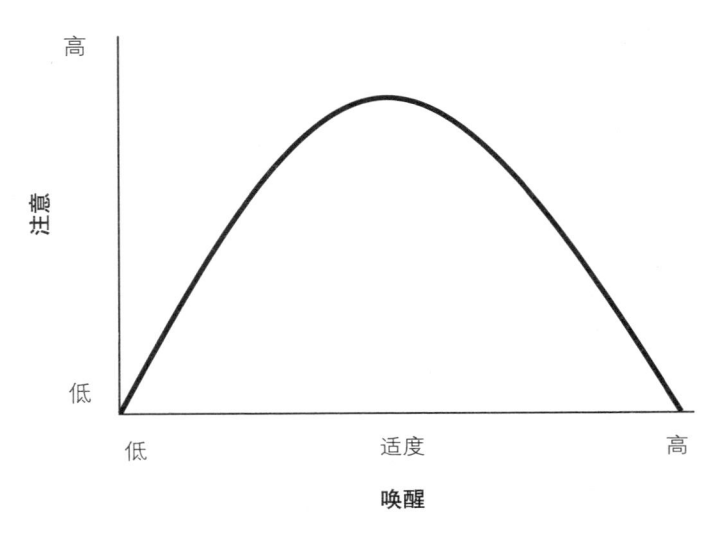

图 3-4　唤醒与注意的关系

许多因素都可以提高唤醒水平（特别是在零售环境中），如噪音、气味、闪光灯、温度和意外事件等。然而，所有这些因素都需要适度使用，否则可能会引起过度唤醒，从而产生意料之外的影响。

视觉选择性注意

营销者尤其对视觉选择性注意的研究感兴趣，因为大多数消费者最初都是通过视觉来探索环境的。视觉选择性注意可以定义为人类选择某一特定元素来集中注意，同时忽略可能控制个人行为的所有其他刺激。人们选择关注的元素会受到自身感知的影响，因为感知会促进选择过程；一旦刺激受到关注，感知就会继续引导认知过程。

研究人员发现，人类在任何环境中做的第一件事都是进行视觉搜索，这是由一种寻找特定目标的欲望所驱动的。了解消费者进行视觉搜索的方式,能让商家和营销者清楚地知道如何在商店中摆放产品,以及在哪里展示重要的信息。大多数西方人搜索环境的方式与他们的阅读方式相似:通常从视野的左上角开始,继而向右,随后穿至左下角,并再一次向右进行。由于搜索策略是后天习得的,因此很可能具有特定的文化属性,因为并不是所有文化中的阅读顺序都是从左至右的(如阿拉伯文化中的阅读顺序就是从右至左)。还有人提出,在从左上开始进行视觉搜索之前,人们也有将注意集中在任何环境或显示的中心位置的倾向。然而,由于大部分视觉搜索主要是由认知因素驱动的,因此人类进行视觉搜索的方式可能并没有统一的模式。

是什么吸引了消费者的注意

所有的感官都能捕捉消费者的注意,同感知一样,大多数基于注意的研究都是针对视觉的,但这并不意味着针对其他感官的刺激不能与视觉刺激同等有效(有时甚至更有效)。例如,莫林(Morrin)和拉特内斯瓦尔(Ratneshwar)发现,环境中令人愉悦的气味可以增强人们对陌生品牌的注意,从而提高其回忆起该品牌的可能性。

可以使用多种方法让产品和营销刺激"脱颖而出",从而获得消费者的注意。

一些常用的方法包括在零售环境中购买大量的广告或货架空间。这样一来,消费者就不得不注意到这些推销的产品。其他方法还包括把广告倒着印,以及将其放在非同寻常、令人意想不到的地方。毫无疑问,现在越来越难找到这样的地方了,但近年来,在地铁和公交车票的背面以及超市手推车的背面张贴的广告,成为吸引消费者注意的新大陆。

此外,比较常见的方法还包括使用快节奏的广告——因为观众会不由自主地注意到这样的广告,以及使用能够缩短在杂乱的背景中进行视觉搜索的时间的另类刺激特征。本章无法概述所有能够使消费者关注到产品相关信息的方法,因此,下面将重点介绍几种能够影响消费者注意的因素。

颜色

毫无疑问，颜色有助于吸引消费者的注意，人们也往往会被色彩特别鲜艳的物品所吸引。这是因为颜色很容易被我们的前注意系统检测到，而该系统常用来选择后续注意加工的项目。然而，用颜色吸引消费者的注意可能会很困难，因为这在很大程度上会受到摆放彩色物品的背景环境的影响。例如，如果在零售环境中使用亮绿色显示器，而该环境中还有其他大量也是亮绿色的显示器和商品，那就意味着这个显示器不太可能被注意到。因此，营销者很难将颜色作为一种有力的吸引注意的元素。尽管如此，仍有一些研究发现可以指导营销者使用颜色来吸引消费者的注意。例如，有人认为，在纷繁复杂的零售环境中，"基本颜色"（即绿色、红色、灰色、白色、黑色、蓝色、橙色、黄色、粉色、紫色和棕色）更容易被识别出来。然而，这并不适用于刺激较少的环境。

将颜色用于缩短搜索时间和提高消费者注意产品的可能性自有其优势，因为它会让消费者对产品产生积极的态度（与黑白两色相比）。如果消费者的加工动机较低，这个方法就更加适用，因为他们倾向于依赖与物理属性相关联的启发法（一种"经验法则"式的心理捷径）来做出判断。

新奇性

从杂乱的刺激和保护性的选择感知过滤器中"突出重围"的方法之一是使用新奇的元素。新奇的元素具有强大的功能，因为研究人员已经发现，人类大脑的特定区域会在无意识的情况下对它做出反应。

新产品往往会在上市的第一年卖得很好，这可以从米勒清啤的良好市场表现中看出。新产品之所以能卖得好，原因之一是它们与其他产品截然不同，能够很容易吸引消费者的注意。然而，正如市场上新产品的新鲜感会逐渐消失一样（因此一段时间后销量会下降），当刺激不再被认为是新奇的，它们对消费者注意的吸引力也会降低，所以营销者无法长期依靠产品的独特性来俘获消费者。

不仅产品可以独具一格，营销手段也可以别出心裁。它可以是一则因与众不同而吸引消费者的广告，也可以是一场不同寻常且别开生面的促销活动，既能吸引消费者的注意又能激发他们的想象。例如，美国的一家珠宝商曾向所有顾客承诺，如果新年前夜的积雪超过三英寸[①]，他们将为顾客在圣诞节期间购买的所有商品办理退款。他们的销售额因此提高了30%以上。

个人相关性和偏好

有时消费者的注意很难被吸引，因为他们可能会下意识地搜寻那些符合自身喜好的产品信息。如果消费者一开始就有特定的目标，那就会影响他们注意到的刺激类型。例如，如果人们偏爱某种产品，那他们会关注肯定该产品的正面信息，而不是否定它的负面信息。杨（Yeung）和怀尔（Wyer）为此提供了额外的佐证。在一项研究中，他们向被试展示了产品的图片，并发现，那些根据视觉刺激对产品形成了最初印象的人，后来记住的是与印象一致的产品信息。因此，该研究表明，关于产品的特定信念很可能会引导注意转向与信念一致的信息，而不是不一致的信息。

不同的人会对不同类型的事情感兴趣。因此，那些有特殊兴趣的人会花时间寻找与自己兴趣直接相关的信息。人不可能对一切事物都感兴趣，有些人可能会热衷于手袋，而另一些人则可能是园艺发烧友，那些对手袋或园艺都不感兴趣的人则极有可能不会关注与其相关的产品营销信息。因为消费者在选择要关注的内容时非常挑剔，所以营销者会尽最大努力传达这样一个信息，即他们的产品优于其他竞争品牌。

如果消费者对产品不感兴趣，那么无论手袋的广告是否生动或醒目，园艺工

---

① 1英寸≈2.54厘米。——译者注

具的广告节奏是快还是慢，都无关紧要，因为对这些产品不感兴趣的消费者根本不会留意它们。然而，这些能"攫取注意"的因素还是值得一用的，因为并不是所有的消费者都是以目标为导向进行搜索的，仍有消费者会受其影响。

品牌识别

由于选择性感知过滤掉了与人们兴趣不相符的信息，所以创建一个在视觉上清晰的品牌标识，有助于消费者注意到产品。确保同一品牌不同类型的产品在视觉上具有相似性，可以使它们更容易被发现和识别。例如，苹果公司和耐克公司的品牌标识都是很具视觉凸显性的。由于这类品牌的辨识度很高，很容易吸引我们的前注意系统，因此消费者处理这些信息基本毫不费力。尽管消费者可能很少会有意识地去注意这些刺激，但仅仅是反复接触就能提高对它们的认知。

小结 》》》

人类会注意到什么会受到感知的影响，因为感知会引导我们的感官，并解释所遇到的刺激的含义。消费者对消费相关信息的感知往往是无意识的，并与先前的知识和经验联系在一起。感知的一个重要部分是人类对刺激进行分类以便理解它们的方式。研究发现，这种方式是有规律的。元素能否被感知为相互联系的取决于它们之间的接近程度、人们利用先前的经验将不完整的刺激感知为完整体的能力，以及元素之间的相似程度。尽管大量消费研究都集中在视觉感知方面，但必须承认，所有的感官都会影响产品和服务的感知方式。不同的感官刺激也可以用来吸引人们的注意。什么能吸引消费者的注意取决于许多因素，例如消费者在某一时间点的唤醒水平、产品颜色的鲜艳程度、刺激是否新颖独特，以及所遇到的信息是否与他们个人有关等。

CHAPTER4

第 4 章

伪精致背后的心理剖析

研究表明，人们购买产品不只是因为其实用功能，这些产品和服务往往还被当作他们身份的象征。此外，人们常常会根据物质财富来评价他人，这意味着消费现已成为塑造和维持身份的重要元素。清楚地了解自己的身份以及在社会中的地位是很重要的，因为这会让人产生归属感和幸福感。这一章将探讨消费与身份之间的关系及其利弊。

身份

身份就是个体在主观上如何看待自己。了解自己的身份可以让人们清楚地知道自己适合哪里、属于哪里，这是人生需要了解的一个本原问题。由于身份是一种主观概念，因此我们对自己的定位会受到个人经验和我们所属或希望所属的群体的影响。

一个人可以有不止一个身份，这些身份也并不只在现实生活中存在，有些身份甚至仅存在于虚拟的网络环境中。个体身份的数量取决于与他们密切相关的社会情境的类型。一般来说，人们在生活中扮演着许多不同的角色，例如，一个人在白天是律师，而在早上和晚上，则是三个孩子的母亲。有些角色是无可取代的，需要时刻扮演，比如妻子、学生或老板；而另一些角色，比如慈善事业的志愿发言人，或者钱币收藏家，都只需要在某些特定情况下扮演。不管这些角色是主要的还是次要的，都有一个共同点，那就是人们可以通过不同类型的产品来表示它们。因此，人们希望通过消费来强化或确立所扮演或想要扮演的角色。然而，身份对人们行为方式的影响基本上是无意识的，这意味着消费者可能并不知道自我认知正引导着自己的消费行为。

关于物品与身份之间的关系，特别是物品如何帮助塑造和管理人们的身份，已经得到广泛的研究。人们用财产来彰显身份已经不足为奇，自 20 世纪 70 年代以来，这种情况更是普遍流行，因此，近来越来越多的研究证实，财产在人们定位自己和他人方面发挥着重要作用。

早在 1890 年，威廉·詹姆斯就探讨过人们的自我是如何通过其所拥有的东西反映出来的（见第 1 章）。这表明长期以来，人们一直在利用财产表明自己的身份。然而，正是由于在过去的 100 年里可供人们选购的产品种类不断增加，再加上持续不断的大规模的广告轰炸，人们不断被鼓励追求物质享受，使自我价值降低到了消费者价值，也就是将身份与消费的东西联系在一起。

身份是怎样形成的

人们身份的形成十分复杂，从生命的早期就开始了，并在整个生命过程中不断发展。一般来说，自我认知在两岁左右开始发展，但在这个年龄，身份只是一种本能的概念。慢慢地，婴儿能识别出自己的镜像和体貌的基本变化。此后，随着年龄的增长，人们对自我的认知和概念会逐渐变得复杂。父母、兄弟姐妹、朋友、同龄人、学校、所属社团或体育俱乐部，以及广告和其他文化等因素不断塑造和影响着人们的身份。成年后，人们会综合自己的感觉、动机、政治信仰、宗教信仰、体貌特征、所处群体、年龄和拥有的物质财富等因素来描述自己。描述身份涉及的因素如此之多，恰恰说明了身份的多维性。

人们往往会忽视其他人不止有一个身份，这是因为人类有一种"简化世界并赋予世界秩序的基本需要"。如果我们对他人进行分类，那基本上就等同于我们知道自己身份与他人身份的对应关系。因此，人类（通常是下意识地）会对他人进行分类（社会分类），并将自己与他人进行比较（社会比较），试图赋予世界一种秩序，区分自己与他人的相似或不同之处。分类和比较的过程也使我们能够弄清楚自己的身份。

社会分类

人们会根据自身与周围世界的关系对自己进行分类。当这样做时，人们会重点关注自己对遇到的人或物的感知，这样就更容易发现自己和所归类的对象之间的相似或不同之处。对他人的感知（对人感知）往往会受到物质财富的影响，而对物品的分类（对物感知）则会受到营销策略和广告的影响。对个体分类的过程会导致他人（和自我）的去个人化。因为我们倾向于关注人们所属的群体和他们所拥有的财产类型，把他们看作群体和财产所代表的某一类人，而不是独立的个体。因此，个体会被感知成原型，这意味着我们可以给这种原型赋予刻板的特征，并据此特征去看待他们（或控制自我行为）。

既然人们会利用物质财富对他人进行分类，那么自然就会引出这样一个疑问：这种分类是否能反映出一个人的真实面貌？研究一再表明，通过品牌和产品确实可以对他人进行准确的评价，即便人们从未见过这些财产的主人。例如，高斯林（Gosling）、柯（Ko）、莫里斯（Morris）和托马斯（Thomas）发现，人们只要看一眼他人的办公室或卧室，就能判断出他的个性。同样，阿佩尔（Alpers）和赫尔德斯（Gerdes）也发现了这一点，他们要求被试将汽车与车主配对，结果发现被试能够正确地做出选择。这种配对技巧大概基于这样一个事实，即人们已经对什么人会使用什么产品有了明确的刻板印象，这意味着我们可以利用这些印象对他人进行精准分类。

社会比较

了解自己的一个重要途径是与他人进行比较。社会比较是指人们通过比较自己与他人的异同来了解自己。

个体之所以会持续地与他人比较是因为需要保持或提升自尊。个体的自尊与归属感有关，而处于群体当中会给人以归属感。服装、口音、装束和珠宝可以区分个体和他人，表达个体的存在感；同样，它们也可以表明群体身份和群体属性。

社会比较理论可以很容易地说明人们是如何将自己比作消费文化创造出来的完美形象的。从消费者的角度来看，购买合适的产品和服务可以让他们感觉属于某个群体，且真正成了该群体的一员。这常常（但不总是）是由各种各样的营销策略引导的。例如，美国鹰牌服饰公司（American Eagle Outfitters）在很长一段时间里使用了"尽享人生"的广告词。这句广告词意在告诉消费者,那些身穿美国鹰牌牛仔服的人是非常有个性的人,他们希望自己的生活能够与众不同。因此,如果人们希望被看作社会上享受极致生活的那一类人,那他们就需要穿美国鹰牌牛仔服。

一般来说,人们常常会寻找那些在某些方面不如自己的人,这样他们就可以进行**下行社会比较**,因为当我们和不如自己的人进行比较时,就会凸显出自己的优点。所以,如果你拥有一辆保时捷车,而你认识的大多数人都开着大众甲壳虫车,那你很可能会觉得自己高人一等,从而提升自尊感。但不幸的是,我们总是无法自主选择比较的对象,因此,我们最终可能会与那些能力更出众或更受欢迎的人进行比较,这就是所谓的**上行社会比较**。它通常发生在消费者将自己与理想的媒体形象相比较时,而这会损害他们的自尊。学者已对这一现象进行了广泛探讨,主要涉及女性如何评价自己的外表吸引力及其对自尊的影响等(如图4-1所示)。大多数此类研究都聚焦于"理想"形象对女性自尊的影响,结论普遍认为这种影响是负面的,而且年轻女性比成熟女性受影响的程度更高。

有趣的是,当个体将自己的社会比较建立在产品和品牌的基础上时,对于这些产品和品牌所代表的含义,以及它们中的哪些

经常使用社会普遍认可的"完美"女性形象的杂志封面

图4-1 主流媒体中使用的模特

更好，人们似乎有一种普遍的共识。更有趣的是，研究发现，即使假定消费选择应该是关乎个人的（意思是不应该将其用于社会比较），人们也仍然会认为选择有正确和错误之分。例如在音乐方面，人们认为有些音乐流派与他们希望所属的那类群体关系更密切。然而，有时某些选择显然是主观的。

产品的象征意义

我们会根据他人拥有的财产对其进行分类，并和自己做比较，这一事实清楚地表明物质财富是有意义的。如果不同的产品和服务不能明确地代表不同的价值观和信仰，那么个体就无法将其作为分类和比较的基础，继而确立自己和他人的身份。

品牌具有不同的象征意义这一观念并不新鲜，但直到 20 世纪 80 年代后期，心理学家才对其进行了更广泛的研究，现有证据表明无生命的物体也可以与人类的特征联系起来。

符号互动论

品牌和产品可以转化为符号，从而成为与他人沟通的方式。产品的意义大多源自营销，随后被社会环境所强化。关于如何利用物质财富来管理身份的研究，部分灵感来源于一种叫作符号互动论的自我理论。符号互动论认为，自我产生于人与人之间的互动，并不断地被人的互动所改变。为了与他人有效地互动，人们使用的符号必须具有共同的意义。很多时候，符号是通过持续的社会活动创造出来的。因而，个体会利用社会活动来表达和重构自己的身份，以及决定他人的身份，这一切都是在无意识中发生的。

符号互动论的另一方面内容是，个体必须能够从他人的角度来审视自己。从根本上说，符号互动论认为，人们对身份的看法是通过想象别人如何看待自己而形成的。由此推测，产品和品牌的象征意义可以充当伪装身份的工具。例如，奔驰汽车常被看作成功的象征，因此，开奔驰车的人可能会认为自己很富有、很成功。符号互动论最初从未提及物质财富，但随着时代的发展，很多人都清楚地认识到物质财富在人们对他人的社会反应中起着重要的作用。

我们是从什么时候开始了解象征意义的

人们从很小的时候就逐渐认识到物质财富具有一定的意义，这种认识来自直接学习或间接学习。间接学习，如观察他人，是通过如媒体或当前的社会环境来实现的；而直接学习则是通过与他人和物体的互动。孩子们在电视（广告或儿童节目）上经常看到，只有那些拥有某种玩具的孩子才有很多朋友。因此，他们会认为只有拥有某种物品才能在朋友中受欢迎。这就是通过大众媒体间接学习的一个例子。

孩子们很早就知道，别人会根据自己所拥有的衣服和玩具等物品来选择对待自己的方式。因此，他们的物品可能会传递给他们关于自身的价值观念，而这些观念又会在玩耍中内化。从童年到成年，人们不断地通过媒体和社会互动了解产品和服务的象征价值。因此，人们对消费品象征意义的学习是一个持续不断的过程。

回避具有非理想象征含义的产品

大多数产品和服务都具有象征意义，但有时它们所代表的含义可能是一些人非常不喜欢的。消费者会仔细地选择那些让自己显得更有魅力的产品，同样，他们也会选择不买什么。理想自我的反面就是非理想自我，即人们不想成为的人。因此，消费者会同时通过自己消费的东西和不消费的东西来强调自己的身份。许多研究都支持这一观点。例如，人们会把产品贴上"是我的菜"或"不是我的菜"的标签，并且拒绝那些被视为"不是我的菜"的产品。研究还发现，消费者很容易表达他们不喜欢某样东西，并且避开某些品牌，以便与它们所代表的含义保持距离。有时，人们也会试图通过丢掉那些代表过去身份的物品，来摆脱"老而过时的自己"。

使用符号表示群体成员身份

成为一个（或多个）群体的一员对人们的身份认同很重要，因为这能帮助人们定义自己的身份，并提升他们的自尊水平和整体幸福感。**社会认同理论**对此进行了概述。塔菲尔（Tajfel）将社会认同描述为"个体自我概念的一部分，源自个体对自己在一个（或多个）群体中的成员身份的认识，以及该成员身份的价值和情感意义"。群体成员利用消费向他人发出信号，通过使用品牌、产品和服务来表明自己与所属群体的共通性，表明自己在某种程度上是属于这个群体的，这种现象越来越常见。然而，这种内在的识别过程必须得到非群体成员的认可，才能使群体身份变得明显，所以，产品需要具有明确的象征意义。正如本章前面所概述的，象征意义往往源于广告和其他营销技巧。将消费作为形成或维持群体社会身份的工具是通过多种多样的营销手段实现的，它们对群体进行分类和物化，以明确特定群体和子群体之间的联系。因此，营销者为个体提供了简单的解决方案，以便他们能够真正获得某个群体的成员资格，或者至少让他们能够发出信号，表达他们希望归属于某个特定群体的意愿。

认同产品

毫无疑问，个体会利用产品和服务来"理解"周围的人、将自己与他人进行比较，并表明自己对于所属群体的成员身份。这虽然清楚地表明了人和物质财富之间存在紧密联系，却忽略了产品的使用人数是否会影响个体对产品的认同，以及是否有特定类型的人比其他人更愿意利用产品及其象征意义来表达自己的身份。研究发现，这两个方面对人们对产品的认同程度都有重要影响。

品牌识别度与小众影响力

与同类产品的其他用户相比，有些消费者与自己偏爱的品牌有更强的关联，这与产品用户的数量有关。在一项对MAC[①]用户和PC[②]用户的对比研究中发现，MAC品牌更有可能成为消费者自我概念的一部分（如图4-2所示，苹果电脑如

[①] MAC 是苹果公司自 1984 年起以"Macintosh"开始开发的个人消费型计算机。——译者注
[②] PC 是指个人计算机，是指一种大小、价格和性能适用于个人使用的多用途计算机。——译者注

何与用户自我产生更深的联系）。用户自我与 MAC 产品之间的联系更强是因为 MAC 的用户较少，因此用户会认为自己属于一个紧密联系的小团体。也可能正是这个原因，才培养起了 MAC 用户与品牌之间"牢固的社会纽带和根深蒂固的忠诚"。此外，MAC 或 PC 出现的场合也有可能影响人们对该产品的认同程度。例如，人们最有可能因工作需要而使用 PC，因此用户可能不会感到与 PC 之间有强烈的联系，因为使用 PC 并不是他们自己的选择。

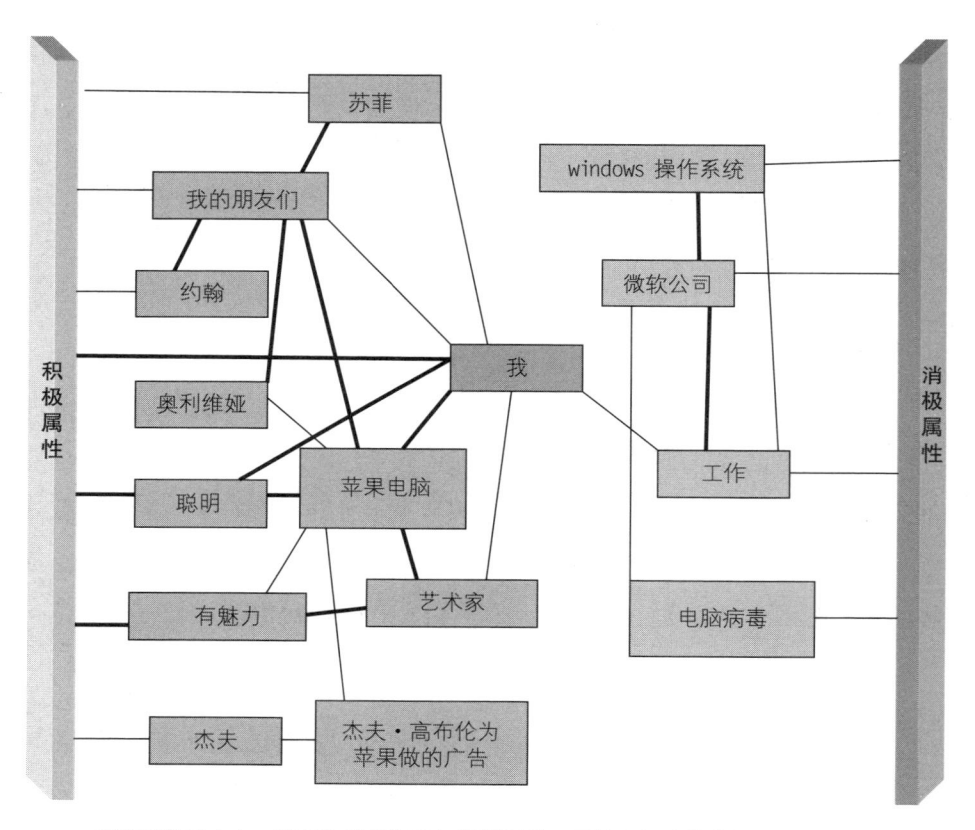

消费者位于中心，两侧为积极属性和消极属性。属性之间连线的粗细程度体现了概念之间联系的强度。可以注意到，消费者认为自己与苹果电脑的联系更紧密，进而将苹果电脑与其他积极属性联系起来

图 4-2　计算机用户的概念性社会知识结构

有些人对产品的认同感更强

研究清楚地表明，大多数人可能会认同不同种类的产品，即使不是经常，但至少在他们生活的某些场合会这样做。然而，有一种观点认为，有些人在做出消费选择时，更可能依据他们希望别人如何看待自己。其中一类是有自恋倾向的人。这些自恋者的基本想法是，希望别人把他们看作独一无二且高贵典雅的人，并因此购买那些大众在某种程度上非常向往的昂贵产品。购买这些产品会让自恋者自我感觉良好，因为别人会因他们拥有的东西而心生羡慕和嫉妒。由于自恋者希望别人能高看自己一眼，因此他们更有可能购买具有更大象征价值的产品和服务。

自我实现预言

毫无疑问，人们消费是为了强化自己的身份。但不太清楚的是，消费是否真的改变了人们的身份。众所周知，人们会根据穿着、使用的服务和拥有的财产来分配他人的属性，因此，人们可以通过购买"正确"的产品来改变他人对自己的看法和对待方式；相应地，人们也会改变自己的行为。这就是所谓的自我实现预言。

关于自我实现预言，最著名的研究是由罗森塔尔（Rosenthal）和雅各布森（Jacobson）于1968年进行的。研究人员让学生完成一项智力测试，并告诉他们的老师，测试结果能表明学生智力水平的高低。测试结束后，老师们拿到了一份名单，上面有20个被认为是"天才型学生"的名字。此后不久，老师们认为"非天才型学生"比"天才型学生"缺少好奇心和兴趣，而学生的成绩与老师的观点一致。然而，老师们不知道的是，所谓的"天才型学生"是由研究人员随机选择的，事实上"非天才型学生"和"天才型学生"之间的测试得分并无差异。十分有趣的是，一年后再次测试孩子们的智商时发现，"天才型学生"的智商比"非天才型学生"高得多。这项研究清楚地表明，对一个人的期望会影响我们与其互动的方式，而且，一段时间之后，个体也会根据这些期望改变自己的行为。

罗森塔尔和雅各布森的研究表明，自我实现预言有三个步骤：（1）人们必须对他人抱有期望；（2）抱有期望的人（x）对待被期望的人（y）的方式必须受到自身信念的影响；（3）y随后必须做出与x期望一致的回应。

图4-3清晰地展示了商品和服务是如何通过这三个步骤来帮助个体强化或改变身份的。利用物质财产来建立身份的行为可能有意识也可能无意识地发生。如果消费者知道自我实现预言的发生原理，那么他们就可以考虑购买哪个品牌和产品最有可能产生自己希望别人做出的反应。然而，大多数人并不完全了解这一过程是如何运作的，而只是单纯地购买他们认为可以强化群体成员身份或使自己与众不同的产品，也就是说大多数人行为的改变常常只是运气而已。尽管如此，自我实现预言证实，消费能够改变人们的身份。

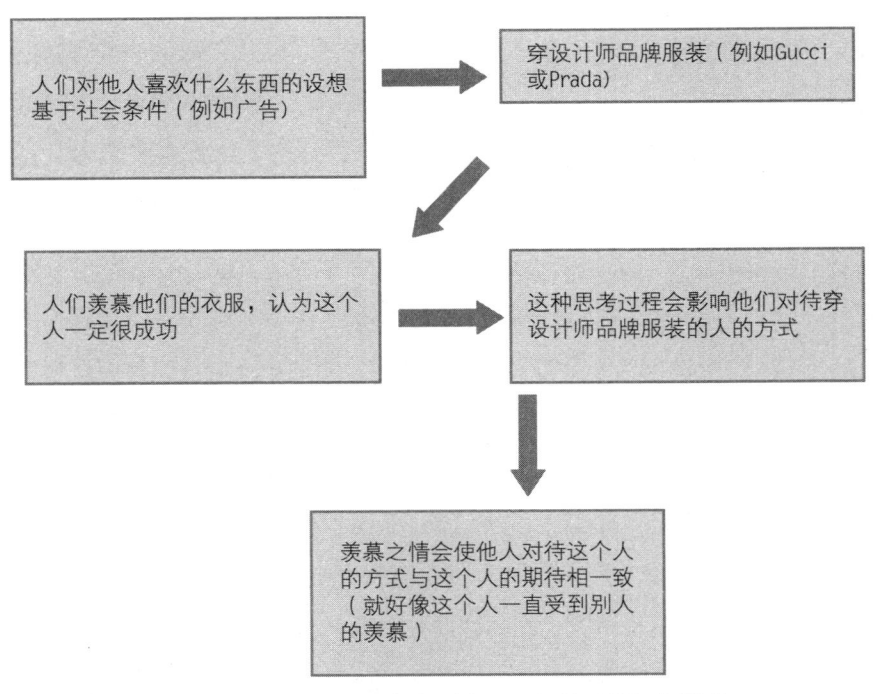

```
人们对他人喜欢什么东西的设想     →     穿设计师品牌服装（例如Gucci
基于社会条件（例如广告）                或Prada）
                                              ↓
人们羡慕他们的衣服，认为这个     →     这种思考过程会影响他们对待穿
人一定很成功                            设计师品牌服装的人的方式
                                              ↓
                        羡慕之情会使他人对待这个人
                        的方式与这个人的期待相一致
                        （就好像这个人一直受到别人
                        的羡慕）
```

图4-3　自我实现预言与物质商品之间关系的概念模型

消费对自我的负面影响

到目前为止，消费对自我的唯一负面影响集中在上行社会比较方面。尽管在通常情况下，消费仅仅是建立和维持身份的一种方法，但它偶尔也会伤害人们的自我认知。有时，物质财产只是自我的一种延伸，但它们也可以用来弥补自我概念中的缺陷。因此，消费文化常常会因为催生一些与身份相关的生理或心理问题而受到谴责。

许多研究发现，男性和女性都不认为他们目前的体形有吸引力，尽管男性普遍认为自己离理想体形并不遥远。这种负面的身体认知很可能是媒体宣传"理想体形"的结果，而这种"理想体形"往往是 PhotoShop 软件修图处理的结果。

有趣的是，虽然大多数人都认为外表美是肤浅的，不应该被视为与人的智力、情感和精神品质同等重要，但他们还是会受到美的"理想形象"的影响。研究一再发现，大多数人认为外貌出众的人比一般人在社会上更受欢迎，这种想法很可能已经被消费社会所强化，并进一步刺激了化妆品和整容手术的消费。事实上，美妆行业的产品销量（同时面向男性和女性）空前巨大，整容手术的热度也达到了历史之最，这意味着我们亟须了解消费是如何影响人们的身份认同和心理健康的。

身体形象

由于媒体不断地向消费者灌输外表美十分重要的观念，因此有人认为，身体形象应该被视为我们身份的一部分，因为它是个人自我表征的一部分。在很小的时候，人们就产生了想要拥有"理想形象"的压力，这种压力往往会在不经意间通过玩具（比如芭比娃娃）施加到孩子们身上。研究发现，许多玩芭比娃娃的小女孩都认同芭比娃娃的形象，并将其作为榜样。这给了她们一个过于理想化的女性形象，因为芭比娃娃并不能代表现实生活中的女性。莫泽（Moser）指出，美国女性的平均体重约为124磅[①]，为了看起来像芭比娃娃，她们必须将胸围增加12英寸，腰围减少10英寸，身高变成7英尺2英寸。这绝对是一个看起来滑稽可笑的女人！

社会上普遍存在这种不切实际的理想形象，导致青少年认为自己的外表不符合大众关于"迷人"的定义，从而开始着手改变，但由于根本不可能实现既定目标，因此这注定将是一条会使身心健康"毁灭的征途"。这很不幸，因为青少年进入成年期时所具备的自我意识中应该包括平和地看待自己的形象，从而建立起一种让自己感到舒适的身份。当人们不满意自己的外表时，他们会继续购买美容产品和服务来缓解不适感。不仅是青少年，成年人也会如此。

自我差异理论

自我差异理论清晰地解答了为什么人们会对自己的外表不满意。这一理论认为，人类有三种自我图式（图式是用来组织、描述和解释我们经验的概念网络和命题网络）：

现实自我——我们当前的样子。
理想自我——我们渴望成为的样子。
应该自我——我们认为自己应该有的样子。

"理想自我"驱使着人们努力达到自认为完美的状态，而"应该自我"阻止人们去做不符合自己应有模样的事情。例如，"理想自我"可能会帮助我们朝着布拉德·皮特（Brad Pitt）[②]的方向努力，而"应该自我"则让我们竭力不成为自己印象中最肥胖的人。

---

① 1磅≈0.45千克。——译者注
② 美国电影演员、制片人。——译者注

"现实自我"和"理想自我"之间或者"现实自我"和"应该自我"之间不存在任何差异是十分重要的。如果存在差异，人们就会努力减少这种差异，而如果无法成功，"现实自我"和"理想自我"之间的差异就会使人产生不满和失望的感觉，而"现实自我"和"应该自我"之间的差异也会导致焦虑或恐惧等不安的情绪。

三种自我图式之间差异大的人容易自卑，而且研究认为，这些人更有可能"通过消费寻求身份认同"。这解释了为什么反复接触对大众来说无法达到的"理想形象"会对人们的自我产生负面影响。假如一个年轻女孩认为她的"理想自我"应该是"凯特·摩丝（Kate Moss）"[①]，但实际上她的体重超重，也不是很有魅力，那么她很可能会对自己的外表非常不满。于是，她可能开始购买美容产品，并将获得"凯特·摩丝"般的外貌寄希望于此。

媒体如何帮助人们提高身份和增强自尊

如果人们会把自己与媒体刻画出来的人做比较，那么他们也会把自己和中等身材、微胖身材或苗条身材的人做比较。因此，不能认为一张"普通身材"的照片不利于增强人们的自尊。经研究，看到使用贴近现实的照片推销的产品，确实能让人的自我感觉更好，这是因为人们更希望跟那些与自己相似的人做比较。如果人们觉得广告所使用的模特在某些方面不如自己有魅力，那他们的自尊就会增强。有时，模特的美被"过于"理想化了，以至于人们可能会忽略这种美。

多芬（Dove）的广告"现实之美"之所以能获得成功正是基于这样一个事实，即人们喜欢与相似的人做比较。这支广告选用了普通女性作为模特来推销润肤乳和沐浴露等产品（如图4-4所示）。据报道，仅在发布一个月后，这支使用"现实中的女性"的广告就使多芬的销售额增长了超过3%。

---

① 英国模特、演员。——译者注

使用"现实"女性代替"完美"模特的成功广告案例

图 4-4　在广告中使用现实中的女性

小结 》》》

　　消费者购买产品和服务往往是为了建立和保持身份，以及获得群体的认同。人们自儿时起就逐渐意识到，产品和品牌具有特定的意义，可以用来对自我和他人进行分类，在与他人比较时，能够使自己轻松地判断出他人是比不上自己，还是要比自己好。这有一个很大的好处——让人们可以快速地评估他人，而不必花费大量的时间和精力去了解他人的身份。

　　不同产品的意义源于市场营销，并不断地被人们所处的社会环境强化。一般来说，消费者会尽可能去购买大众高度渴望的产品，而避免购买人们不想要的产品。消费某些产品的好处之一是，它们可以让人们给他人留下更好的印象，并相应地改变他人对待自己的方式。然而，某些类型的消费也有不利之处，会使人们感到自己有多方面的不足，从而影响他们的身心健康。

想一想 / CONSUMER PSYCHOLOGY

1. 对于那些没有强烈自我意识的人来说,有可能通过"消费确定身份"吗?

2. 物质财富会如何影响我们对他人的看法?

3. 利用消费创造或保持身份的积极影响有哪些?

4. 人们如何才能拥有一个以上的身份?拥有多重身份会导致人们产生"我是谁"的困惑吗?

5. 试着从消费者角度来理解产品的意义。如果可能的话,请举出具体的例子。

CHAPTER5

第 5 章

为什么买买买可以治愈各种不开心

自 20 世纪 90 年代以来，许多研究者都承认消费者并不总是理性的，因为他们会受到情感的驱使；也有很多研究从各方面证实了情感会影响消费行为。虽然目前这一领域的研究还不太全面，但已经发表的大量研究论文足以清晰地表明，注意、回忆、决策、氛围和说服等情感因素是充分理解消费行为的重要依据，本章将对这些因素展开讨论。

情绪

消费者所做的决定以及他们与不同消费类型的互动方式有时是理性的。用来解释"理性消费行为"的理论大多假设情绪是可控的，有时甚至完全忽视了情绪，这些假设情境中的人们能够以理性的方式行事。一些研究者认为情绪并没有真正发挥作用，如果是这样的话，情绪对消费的影响当然可以忽略不计。然而，更多的科学家则认为，情绪既然能影响人的行为，当然也能影响消费行为。因此，如果认为情绪是可控的，消费者总是以理性的方式行事，那就太草率了。自20世纪90年代以来，这一观点获得了更多消费研究人员的认可，成为当前消费相关研究中最受欢迎的研究方向之一。

那么，什么是情绪呢？情绪是一种感觉，包括对内外部事件的生理、行为和认知反应，这些反应往往具有针对性，因为它们代表了特定的含义，例如消费者对产品的功效特别满意。但是我们很难明确区分情绪的两种类型——心境与激情。一般来说，心境比激情更弥散，持续时间更长，也没有那么强烈。截至目前，似乎有很多研究情绪的消费研究人员选择关注心境，部分原因也许在于他们发现通过音乐和图片等刺激可以很容易地操控心境。

情绪研究

关于激情和心境对消费行为和思维过程的影响，并没有"标准"的研究方法。自20世纪90年代以来，这一领域的研究数量激增，但即便如此，仍有一些人认为这类研究并没有将情绪与足够广泛的消费体验结合起来。而随着消费情绪研究数量的增加，所应用的研究方法也更加广泛多样，但只有选择正确的研究方法才能确保被试在某种程度上体验到研究人员希望测量的情绪。

诱发激情和心境

有时，让人们体验到某种激情并不容易，这也是研究人员转而选择诱导心境的原因。即便研究者成功诱导出了想要测量的激情，也要立刻测量因变量，因为诱导出的激情往往持续的时间不长。

研究文献表明，诱导特定类型的激情和心境的方法各不相同，包括使用电影让人们感到快乐或悲伤，使用事先创作的令人愉快或不快的音乐，以及为人们的表现提供积极或消极的反馈等。在所有这些方法当中，研究者无法认定哪种方法更加有效。然而，有些方法却受到了批评，因为在研究过程中，研究者可能会诱发被试产生超出实验所需的情绪。简单地说，一些方法可能会通过其他方式影响被试，进而影响研究结果。例如，向人们提供负面反馈可能会打击他们的自尊，同时改变他们的情绪，因此很难确定这两个因素中的哪一个导致了研究结果。这类例子表明，研究人员在研究中考虑任意一种混淆变量时，都需要时刻保持警惕。

衡量对刺激的情绪反应

使用自我报告是衡量消费者对特定刺激的情绪反应的一种常见方法（最常见的方法是调查问卷）。通常，研究人员会对被试提出一系列问题，这些问题与积极或消极的情绪类型直接相关，以衡量他们对刺激的感受。一般情况下，研究人员会对调查问卷进行因素分析或聚类分析，以期找到具体的、潜在的情绪因素来解释人们对特定产品和服务的感受。使用调查问卷等自我报告方法的缺点在于，被试往往倾向于提供他们认为社会或研究者想要的答案，这可能会导致研究结果不准确。即便如此，问卷调查（与因素分析相结合）对于开发衡量人们情绪反应的量表也是非常有用的。值得一提的是，许多已经开发出来的量表效果良好，能够用于了解人们对不同类型广告的感觉。

许多量表包含了大量不同的项目，有的多达 90 个或更多。尽管它们包含的项目很多，但大多数都只涉及少数几个潜在的情绪因素，有些甚至仅包含积极情绪和消极情绪两个因素。将情绪反应分为积极和消极可能并不理想，因为不是所有的积极（和消极）情绪都能使消费者产生相同的反应。因此，更明智的做法是对积极（和消极）情绪进行进一步划分，或将它们看作单一实体（本章将进一步讨论）。

情绪、注意与回忆

情绪会影响人们的认知过程，因为它可以影响人们编码、存储和提取信息的能力。选择性注意和回忆这两个特定领域清楚地证明了情绪在处理消费相关信息的过程中扮演了重要角色。这两个领域都表明，在理解人们的行为方式以及为什么人们倾向于关注某些特定因素时，情绪是不可或缺的一部分。

选择性注意

大部分营销者都想知道是什么原因让消费者更关注某些产品而不是其他，以及特定的产品属性是否更有可能俘获消费者的注意。人们在某一特定时间点的感受可能是（至少部分是）原因所在。

1981 年，鲍尔（Bower）、吉利根（Gilligan）和蒙蒂罗（Montiero）在一项研究中发现，情绪可以让人进行选择性学习。研究人员通过催眠让被试感到快乐或悲伤，然后要求他们阅读精神病学访谈的文章。有趣的是，研究人员发现快乐的被试比悲伤的被试关注并记住了更多快乐的内容，而悲伤的被试则会记住更多悲伤的内容。因此，该研究表明，被潜意识经验激活的情绪会使人们对信息的关注产生偏好，并将其编码到记忆中。对于发生这种情况的原因，有一种观点认为与人们情绪一致的信息更有可能获得语义上的详尽解读。

阿达瓦尔（Adaval）于2001年进行的一项研究也支持了"情绪会使人们在所关注的事情上产生偏好"的观点。她认为鲍尔等人的研究发现同样适用于产品领域。阿达瓦尔实验中的被试在接受了一个情绪诱导任务之后会感受到快乐或悲伤的情绪，随后，他们被要求对一件衣服的特征做出评价，这些特征可能是主观的也可能是客观的。研究结果表明，被试更倾向于关注与他们当时的感受相匹配的信息，即使这些感受与衣服并不相关。因此，该研究证明，情绪可以影响人们对特定类型产品信息的关注程度，前提是这些信息的效价与评价者的情绪相似。

对回忆的影响

与选择性注意类似，回忆也会受到与情绪一致的信息的影响。特别是有研究表明，积极情绪比消极情绪更容易唤起对积极事件的回忆，原因可能在于人们一般倾向于让自己感觉更好（这就是所谓的**情绪调节**），因此消极情绪只能偶尔促成对积极事件的回忆。也有一些人提出，处于积极情绪中的人不仅更容易回忆起积极信息，也更容易回忆起消极信息，这可能与所接触信息的相关性有关。当高度相关的信息被呈现给心情好的人时，不管原有信息是积极的还是消极的，都有可能被回忆起来。例如，洛格纳汗（Raghunathan）和特普（Trope）于2002年进行的一项研究发现，咖啡因摄入量较多的消费者在心情愉快时，对摄入咖啡因的消极影响的回忆也会增强。然而，对于咖啡因摄入量较低的消费者来说，情况却并非如此。因此，信息与消费者之间的相关性影响着一个"快乐的"消费者是否会记得接触到的信息。

另一个有助于理解情绪对回忆的影响的因素是人们正在体验的情绪的实际强度。研究发现，高度紧张的情绪可以增强感觉记忆和长时记忆。布拉得雷（Bradley）、格林沃尔德（Greenwald）、佩特里（Petry）和朗（Lang）在1992年的一项研究中，使用图片让被试产生不同的唤醒水平：其中一些被试被高度唤醒，而另一些则被低度唤醒。当被试处于高度唤醒状态时，他们能更好地回忆看过的图片。无论回忆是在看到图片后立即进行的，还是在一年后进行的，结果都是如此。然而，值得注意的是，高度唤醒状态下所产生的回忆可能并不精确，因为强烈情绪状态下的记忆就像任何其他类型的记忆一样容易被重建。

情绪对决策的影响

有研究者认为，情绪反应先于认知判断发生，且与认知判断毫无关系。消费者在选择产品和服务时，可能会先搜索自己的情绪，以试图确定他们对接触到的刺激的感受，这可能是在个人没有意识到的情况下完成的，是一种公认的"我对此有何感想"的启发法。这种启发法被用作判断的基础，因此消费者的情绪会影响他们的决定，即使他们的感觉与将要做出的决定无关。这就是为什么当消费者做出购买决定时，要尽量确保他们处于良好的情绪状态，否则他们可能会将某一特定产品与自身的消极情绪联系起来，进而以不利的方式评价该产品。研究一再发现，情绪良好的人对刺激的评价更积极，无论这种刺激是消费品，还是其他人或生活中的经历。然而，积极情绪却不太可能影响到人们对特别熟悉的刺激的评价，因为消费者更有可能会受到过去评价的引导，而这些评价已经成为他们自身图式的组成部分。

通过消费控制情绪

有时，与消费相关的决定跟消费者想要控制自己情绪的欲望有关。当消费者体验到某种负面情绪时，他们往往会急于采取一些消费行为来缓解自己的情绪。在这种情况下，他们可能会做出一些与消费相关的行为，包括为自己买礼物、观看搞笑的电视节目、吃巧克力和听励志的音乐等。一个处于负面情绪中的人参于什么样的消费活动其实并不重要，只要他真心相信这样做能缓解自己的情绪。换言之，如果营销者能够在产品和消费者的这种信念之间创造关联，那么心情不好的消费者购买产品的可能性就会大得多。

此外，消费者希望改变的情绪类型也会影响他们选择参与的消费活动类型。假如一个人感到焦虑，那他就不太可能参加有风险的消费活动，而会选择购买有收益保证的东西。

评价－倾向框架

评价－倾向框架（the appraisal-tendency framework，ATF）是一个可以用来解释消费者选择的通用理论。该框架由勒纳（Lerner）和凯尔特纳（Keltner）于2000—2001年提出，其理论基础是具体的情绪会产生特定的认知和动机过程，而这些过程反过来又会影响消费者对所遇到的物体和事件的评价。这意味着人们会根据自己在某一特定时间点的情绪来评估周围的环境和物体，这一过程被称为评价。值得注意的是，在决策过程中，评价可以影响信息加工的内容和深度。

在ATF之前，大多数关于情绪对决策影响的理论都采用了基于效价的方法，基本上只着眼于积极情绪和消极情绪的影响。然而，这些理论没能考虑到的是，相同效价的情绪是否会导致不同的判断或对决策过程产生不同的影响，ATF则为人们做出了解答。

勒纳和凯尔特纳在2000年首次验证了这一观点，当时他们研究了两种具有相同效价的情绪：愤怒和恐惧。他们发现，那些体验了恐惧的人通常会对未来的事情做出更悲观的判断，而体验了愤怒的人则倾向于做出更乐观的判断。因此，该研究表明，效价相同的情绪会对判断和决策产生不同的影响。后来，勒纳和凯尔特纳于2001年进行的一项研究也证实了这一点，他们发现处于愤怒和快乐中的个体对风险的感知方式相似，处于相同效价的恐惧中的个体却不一样。因此，如果营销者和零售商试图利用刺激诱导出消费者的积极或消极情绪，那么就不应该假定所有积极或消极情绪都会以同样的方式影响消费者的评价和决策。

冒险

当谈到人们参与冒险行为的可能性时,最好将情绪分为两类。研究发现,人们在心情好时更有可能去冒险,前提是遭受损失的概率较低。换句话说,如果遇到风险的概率很高,人们就不太愿意冒险。这很可能是因为他们希望保持良好的情绪,而经历某种损失会使他们的情绪受到负面影响。

不幸的是,研究人员在调查消极情绪对人们冒险意愿的影响时,并没有成功地找到与积极情绪研究一样明确的证据。有些人认为消极情绪会增加个人冒险的可能性,而另一些人的发现则完全相反,他们认为消极情绪会使人厌恶冒险。对此,我们可以从勒纳和凯尔特纳 2001 年的评价 – 倾向框架中找到解释。这可能只是因为我们不应该假设所有的消极情绪都会产生相同的结果。反之,区分不同类型的消极情绪可能会更好。

氛围

另一种影响人们在商店里做决策的方法是利用环境来制造某种气氛,这种气氛可以引起情绪反应,进而影响人们的行为,这就是所谓的**氛围**。"氛围"一词最早是由科特勒(Kotler)在 1973 年提出的,他认为消费者不仅仅关注需要购买的产品本身,还会受到其他因素的影响,如包装、广告、产品外观以及购买场所的氛围。在商店里营造良好的氛围是很重要的,它甚至可以决定一家企业的成败,因为氛围可以影响消费者选择是接近还是避免这种特定环境。

四类氛围刺激

有学者认为,氛围刺激可以分为四种不同类型。这四种类型如下:

- **外部变量**(商店外部的所有元素),包括标志、建筑物的大小和颜色、停车场的可用性、商店和周围区域、入口。

- **内部变量**（商店内部的所有元素），包括照明、音乐、地板、色彩方案、气味、过道宽度、温度和清洁度。
- **布局和设计变量**，包括空间设计、家具、设备和工作站的布置、等候区以及禁止区。
- **销售点（POP）和装修变量**，包括销售点展示、图片、价格标识、墙壁装饰和陈列品展示。

除了伯曼（Berman）和埃文斯（Evans）提出的四种类型之外，特利（Turley）和米利曼（Milliman）于2000年提出了第五种类型：人的变量。这一观点认为，商店的拥挤程度、工作人员的类型及其穿着（如制服）等因素也可能在合适的氛围中发挥重要作用，从而影响消费者的感受。

到目前为止，关于外部变量和商店氛围的研究还比较少。尽管如此，在这方面也出现了一些有趣的研究，如橱窗陈列和停车对消费行为的影响。关于布局和设计如何影响消费行为的研究也不多，但现有的研究也产生了一些重要的成果。例如，伊耶（Iyer）于1989年发现，当消费者有充足的时间在一家商店里闲逛，而对商店本身又知之甚少时，他们更有可能进行计划外的消费。与外部变量、布局和设计变量不同，POP变量获得了大量的研究，其中大多数研究都认为良好的设计和位置摆放可以提高销量，有时涨幅甚至十分明显。在伯曼和埃文斯提出的四种变量中，关于内部变量的研究最为深入，特别是音乐对零售消费者的影响。

音乐的使用

在零售环境中，音乐常常被用来树立某种形象和制造某种气氛，它似乎能影响消费者的一系列认知和行为反应，即使消费者自己并没有意识到音乐的存在。研究发现，在超市中，古典音乐的节奏可以影响消费者的行动速度，当音乐节奏较慢时，消费者的行动速度也会相应地放缓，从而延长了在超市里停留的时间，提高了商品的销售量。同样地，在餐馆进行的音乐测试也发现，慢节奏的音乐会使顾客以较慢的速度进食，从而消费更多的酒精饮料。

研究人员还对旅行社播放的背景音乐的影响进行了研究。尤其令人想一探究竟的是，音乐是否可能对消费者处理信息产生有利影响。研究人员向被试播放了四段关于一对夫妇拜访旅行社的视频，被试可以从中了解出国旅行的相关信息。这四段视频分别使用了不同的古典音乐作为背景音乐。根据音乐节奏的不同，被试的唤醒水平也有所不同。视频中使用的音乐是预先测试过的，所有音乐都同样令人愉快。研究发现，低唤醒的舒缓音乐会增强被试的认知能力，而高唤醒的音乐则会减弱其认知能力。然而，零售商到底应不应该增强消费者的认知能力却仍然是个问题，因为研究表明，在消费者的认知能力得到强化后，他们的不满往往也随之而来，出现这一情况的根本原因可能是，高唤醒的音乐与旅行社传达的信息内容之间的"契合度"较低。

如果消费者喜欢商店里播放的背景音乐，他们会更愿意与卖家进行互动。所以，选择适合商店类型的音乐至关重要。格雷瓦尔（Grewal）、贝克（Baker）、利维（Levy）和沃斯（Voss）于2003年进行的一项研究证明了这一点。他们将古典音乐作为一个变量来测试它是否会影响珠宝店的氛围和人们在这里购物的意愿。

遗憾的是，对音乐的测试常常是与其他因素结合在一起进行的，因此很难确定音乐自身的影响程度有多深。例如，在一项研究中，研究人员将音乐和灯光结合起来，创造出了或热烈或冷清的氛围，却发现氛围与工作人员的数量和友好程度会产生交互作用。

购物满意度

所有零售商都希望自己的顾客能够满意，因为这样他们就更有可能成为回头客。在当前的购物环境下，这一点尤为重要，因为越来越多的消费者选择放弃到传统的商店和购物中心去购物，转而青睐网上购物。问题的关键在于零售商能否利用商店的氛围来提高消费者的满意度。

人们已经知道情绪会对消费者的满意度产生影响，而这种情绪可能来源于购物环境。然而，直到最近，人们才开始深入探讨消费者是否会在某些时候因情绪的影响而产生更高的满意度。在一场现场调查中，购物后的 738 名学生消费者和 153 名非学生消费者被要求回答一份调查问卷。

该问卷包含三类问题：（1）购物满意度；（2）情绪；（3）消费者对自己情绪的归因。调查结果表明，如果消费者认为自己的情绪与商店有关，那么情绪对消费者满意度的影响就会更强烈。因此，零售商似乎应该倾尽全力为消费者创造一种愉悦的购物体验，因为这会让消费者更加满意，也能带来更多的回头客。

情绪的说服理论

除了研究情绪如何影响消费者的认知过程和决策等方面，研究人员还研究了如何利用情绪来说服消费者消费某些产品和服务。在分析消费者能否被说服时，曼德勒（Mandler）和齐尔曼（Zillman）的情绪理论非常有效。

曼德勒的情绪理论

曼德勒认为情绪唤醒是由差异或意外事件导致的。由于差异通常会立刻引起人们的注意，因此能很好地提高他们的唤醒水平。一般来说，差异越大，唤醒水平越高。较小的差异往往会使人们产生愉快的情绪，因为低唤醒水平通常是一种有趣的体验；而较大的差异则会使人们产生消极情绪，因为这种差异与我们的图式高度不一致。差异与人们的图式越不一致，就越容易引发消极情绪，这是因为如果事件与我们现有的认知结构发生冲突，我们一般就会认为是哪里出了问题。

与差异一样，意外事件也可以引发唤醒，产生积极或消极的情绪。人们越认为自己正在做重要的事情，当受到干扰时，唤醒水平就越高。当干扰阻碍人们实现目标时，就会诱发消极情绪。例如，当你准备购买一台新的笔记本电脑时，却发现商店即将关门，因此你不得不换个时间再来买。然而，帮助人们实现既定目标的干扰则会产生积极的唤醒。例如，当你正因商店快要关门但还没选好要买的笔记本电脑而备感压力时，正好有个朋友打电话说要开车带你去另一家品类更齐全、营业时间更长的商店。

迈耶斯 – 利维（Meyers-Levy）和塔伯特（Tybout）于 1989 年提出，曼德勒的理论可以用来解释为什么在同一产品类别中，与其他品牌有适度差异的品牌会比那些高度不同或完全相同的品牌更受青睐。基本上，消费者会很乐意弄清楚两种产品之间的不同之处和形成原因，但前提是差异不能太大，不然会给他们的认知造成过大压力。但如果两种产品非常相似，消费者也不太可能进行更深入的思考，从而无法做出积极的评价。

同样值得注意的是，已有研究表明，产品之间的适度差异能否催生消费者对产品的积极情绪，与他们对产品已有的了解程度有关：如果了解尚浅，就很可能会产生适度差异效应；如果了解很深，消费者就更可能依赖自己已有的知识，而忽略产品之间的不同。

迈耶斯 – 利维和塔伯特的研究也证实了曼德勒的理论可以用来解释，为什么试用"自有品牌"的产品可以提高其受欢迎程度。一些研究支持了这一观点，即某些产品之所以比其他产品更受青睐，纯粹是因为品牌，所以商店"自有品牌"的产品通常被认为不如全国知名品牌的产品。然而，让人们试用产品就可以改变他们的固有看法，这是斯普洛特（Sprott）和辛普（Shimp）从 2004 年开展的一项让人们品尝果汁并进行评价的研究中发现的——如果"自有品牌"的果汁质量好，那些实际品尝过的人对它的评价通常会比没有品尝过的人更好。其潜在的原因可能是，一旦被试品尝了"自有品牌"的果汁，并意识到其质量与全国知名品牌的一样好，他们的"自有品牌"图式和实际体验就会出现适度的不一致。正是这种适度的不一致催生了对"自有品牌"产品的积极情绪。

齐尔曼的情绪理论

齐尔曼情绪理论的基础是情绪兴奋可以从一种刺激迁移到另一种刺激的观点，这就是所谓的兴奋迁移。齐尔曼认为，情绪有四个关键方面：

- 唤醒可以使积极情绪和消极情绪都更加强烈；
- 人们往往注意不到唤醒水平的微小变化；
- 个体通常认为唤醒只有一个原因；
- 感知唤醒比生理唤醒消失得更快。

情绪的第三和第四个方面似乎表明，情绪在从一种刺激迁移到另一种刺激上的过程中会有一个非常小的窗口期。当个体认为是某种特别的东西唤醒了自己时，他们就会专注于此，基本不会发生迁移现象，而一旦唤醒开始减弱，很快就不剩什么是可以被转移的了。因此，唤醒迁移最有可能发生在关注单一因素和唤醒下降至中等水平这两个阶段之间。

齐尔曼的情绪理论对从事媒体策划的人特别有用，因为它可以启示他们应该在什么样的电视节目中安插广告。看电视能够使人产生生理唤醒，而当人们被所观看的节目高度唤醒时，其对广告的评价可能也会更加极端。这完全是可操作的，因为研究发现，当消费者碰巧被无关因素高度唤醒时，其对客体的评价通常也会更加极端和聚焦。

齐尔曼认为，与体育有关的电视节目极有可能让人产生强烈的情绪反应，这种反应随后可能会转移到广告中。还有研究人员发现，人们很容易混淆体验到的不同情绪。例如，在一项研究中，被试在接受一位迷人的女性采访时，必须要先从面前的两座桥中的一座走过去。第一座桥摇摆不定、让人望而生畏；另一座桥则是稳定的混凝土结构。结果发现，恐惧感可以转化成"心动"的感觉——那些走过第一座桥的被试随后更有可能打电话给那位迷人的女性采访者，以了解研究的结果。

因此，即使没有催生出消费者的积极情绪，营销者也可以利用兴奋转移。

小结 》》》

基于情绪的研究往往侧重于人们的心境而不是激情。有时候，我们很难确定激情和心境是如何影响消费者的。然而，已有研究表明，只要信息与人们的感受一致，情绪就能引导注意和增强回忆。研究还发现，情绪也会影响消费者的决策方式。消费者做出的决定往往会在无意识中受到当时感觉的影响，即使它可能与决策任务无关。需要注意的是，我们不应假设积极情绪和消极情绪会以同样的方式影响决策过程，这一点从评价–倾向框架中可以明显看出。此外，氛围也会影响消费者是否会在一家特定的商店购物，以及他们在那里所做出的消费决策。

曼德勒和齐尔曼的情绪理论启示我们应如何利用"感觉"来说服消费者从更有利的角度看待产品。曼德勒认为，刺激和我们对刺激的期望之间的适度差异能够促进积极情绪的产生；而齐尔曼则认为，情绪兴奋可以从一种刺激转移到另一种刺激上。

想一想 / CONSUMER PSYCHOLOGY

1. 激情和心境是否可以区分？
2. 如何利用情绪说服消费者购买特定的产品和服务？
3. 研究人员在研究情绪时需要考虑的潜在陷阱是什么？
4. 消费者是否理性？请结合研究实例说明你的观点。
5. 评价–倾向框架教会了我们关于情绪的哪些内容？

CHAPTER6

第 6 章

如何才能让消费者改变态度

本章主要详细论述以下问题：态度的定义是什么？人们为什么会持有态度？态度有什么作用？态度是如何形成，又是如何改变的？为了让人们加深对态度的理解，本章引入了与上述内容相关的不同类型的模型，例如期待–价值模型和认知失调理论模型。除此之外，本章还浅析了态度是否能够预测行为，以及社交媒体是如何直接影响态度的形成和导向的。

态度是如何产生的

态度指的是对人、物和思想的评价。此类评价是人们在人生经历中逐渐习得的，因此，评价结果可能会在人与人之间产生巨大的差异。个人的态度由多种因素塑造而成，比如父母、兄弟姐妹、朋友、电视、广告和政客。

时至今日，关于态度为何存在，众说纷纭。有人认为态度是实现目标的手段，能够维护人们的自尊；也有人认为态度是客观的评价，可以帮助人们降低认知的难度。忽略个人对这些观点的偏好，很明显，态度引导着人们以更方便的方式看待产品和服务，而不用花太多精力分析它们的利弊。

态度基于认知、情感或行为，所有态度都包含这三方面的内容，但有些人可能会侧重其中某一方面。当态度以认知为基础时，意味着它主要以事实为依据。例如，如果一个消费者打算评估一款福特·福克斯公司生产的汽车的性能，他可能会考虑如下因素：这款车的油耗、速度，以及是否有侧面安全气囊等。认知型态度可以让我们直截了当地划定任何特定对象的优缺点，并迅速将其归类为希望使用且有关的产品，或不想使用且无关的产品。因此，对产品或服务的不同方面进行思考可以引发态度的产生。

情感型态度建立在我们对种种因素的感觉之上。消费者往往很难解释自己为什么会偏爱某个产品，其实原因很简单，是他们的情感使然。情感型态度可能是由人们的价值观、道德观、宗教信仰等多种因素造成的结果。这类态度仅仅是表达（有时是验证）个人基本价值体系的一种方式。比如，如果消费者坚信进行动物试验是不道德的，那么他们便不可能购买曾在动物身上试验过的化妆品，也因此更容易对那些没有在动物身上做试验的洗发水产生积极的评价，反之亦然。有一些研究表明，比起认知型态度，人们先想到的是情感型态度，这可能意味着情感型态度在记忆中处于优先地位，可以被更快速地提取出来。

认知型态度由多种因素作用而成，而情感型态度则来自坚定的价值观和信念。

行为型态度来自人们对自己为人处世的观察。这一著名的论断来自比姆（Bem）的**自我知觉理论**。该理论认为，在某些情况下，个体只有看到自己的行为，才会意识到自己的感受。例如，如果你询问一位朋友对耐克牌运动鞋的看法，那他会回答自己每次买运动鞋时都会选择耐克牌，所以他很钟爱耐克牌运动鞋。这时你的朋友表现出的就是行为型态度，这种态度更多的是基于观察，而不是认知或者情感。但是，值得一提的是，在某些情况下，人们会从自身行为中推断出自己的态度。例如，一个人在一开始时的态度可能是模糊不清的，但在发现对自身的行为没有其他合理的解释时，就会明白自己的态度。

期望-价值模型

我们还可以通过期望-价值模型来了解态度是如何形成的。该模型于20世纪六七十年代提出，指出一个人的行为是由他的期望和目标价值所决定的，三者之间存在函数关系。如果可选的行为不止一种，那么个体将选择预期成功和价值最大结合的行为。比如，如果消费者必须选择一种品牌的运动鞋，那他们会评估可供选择的品牌，并判断哪个品牌与自己希望向他人展现的形象最契合。也就是说，人们对于特定品牌运动鞋的态度取决于商家赋予产品的信念，即商家对该品牌具有的特定属性的主观阐述。在关于运动鞋的例子中，像"阿迪达斯"这样的品牌就是一个态度对象，品牌方认为它们的鞋子反映了消费者是"运动达人"，并因此成为他们选择购买的品牌，因为穿上这种鞋会使他们看起来充满运动活力。鉴于此，人们选择的行为似乎可以被解释为人类是目标导向的，因为他们只会做出自己认为会达到特定结果的行为。

但是，为了确定哪种行为结果将是最有益的，期望－价值模型会对与产品相关的影响行为结果的属性，以及关联的强度进行一些主观评价。在消费者做决定时，那些最容易从记忆中调出并更快速地表达出来的态度，将最能影响消费者对产品的态度。

内隐态度与外显态度

态度分为两种：内隐态度和外显态度。外显态度易于记录，因为人们能够清楚地意识到它。当有人询问"你对福特·福克斯公司有什么看法"时，我们所外显的态度就是对产品的评价。内隐态度往往是非自主的、无法控制的，而且常常是无意识的。内隐态度是自发产生的，无须人们去故意感知，因此会在无意中影响消费者。例如，在一项研究中，志愿者们被要求阅读一本杂志中对开的两页：一页是文章，一页是广告。结果发现，即便志愿者们将注意集中在文章上，对广告没有明确的记忆，广告中的信息也还是会影响他们对该杂志和广告的态度。

测试内隐态度可能很困难，但越来越多的研究发现，使用内隐联想测试（IAT）可以预测消费者的品牌偏好和行为。内隐联想测试是一种计算机化的测试，参加测试的人必须对刺激进行分类。比如，被试会看到各种产品的图片和褒义词、贬义词，随后他们必须将产品划分为好产品或者坏产品。我们应该谨慎对待 IAT 测试，因为它并不代表绝对的态度，而是代表相对的偏好，但它仍是一种探索人类潜意识的有效方法，值得一试。

是什么促使人们改变态度的

关于人们为何改变态度，许多人提出了不同的看法。这里我们将介绍三种理论，分别是功能理论、认知失调理论和启发法系统模型。这三种理论提出了一系列认知、行为和情感方面的观点。

功能理论

功能理论的基本思想是态度服务于特定功能。卡兹（Katz）很早便提出态度可以实现如下四种功能。

- **认知功能**。此功能能够帮助人们了解周围的世界，对获得的信息进行组织和分类。只有完整地确立了态度，态度才能指导我们处理信息。由于人们不断地对自己遇到的产品和服务进行分类，认知功能会将其引向喜欢的，远离不喜欢的。
- **功利功能**。该功能认为态度可以帮助我们实现目标，避免受到惩罚。因此，人们倾向于对符合自己目标和需求的产品持积极态度，反之持消极态度。举个例子，如果人们认为某件产品会使他们在同龄人中更受欢迎，那他们可能会持积极态度；如果不能使他们更受欢迎的话，他们将持消极态度。
- **价值表达功能**。该功能认为价值本身就阐述了我们对自我的认知。通过表达我们对产品和服务（以及问题和人）强烈的态度，我们确认了我们的自我概念。比如有的消费者会拒绝购买那些不符合道德观念的产品，像违背环保理念或者使用了动物进行实验的产品；有的消费者可能会表达对唐·佩里侬香槟和劳斯莱斯汽车等产品的好感，以此来证明自己高贵的品位，从而让他人认为自己"高人一等"。
- **自我防御功能**。该功能是由卡兹于1967年提出来的，他认为人们有时会为了维护自尊而在某些事物上隐瞒自己的感受和态度。例如，某人本来很喜欢在早餐时吃一个水果蛋挞，但是这种食物不受提倡健康饮食的朋友的认可，所以在讨论早上吃了什么的时候，他就会说自己不喜欢吃水果蛋挞，因其没有营养、不合口味。

卡兹提出的四功能学说可以用来诠释态度如何在消费社会中发挥不同的作用。尽管它也许并不全面，但至少可以说明态度是确有其用的。当态度不再履行特定功能时，个体可能会改变态度，以确保态度仍然起作用。

在应用功能理论时，用来改变消费者态度的方法必须与态度的功能相匹配。人们已经发现，具有说服力的事实性信息对认知功能有用，奖惩对功利功能有用，社会形象诉求对价值表达功能有用，恐惧诉求对自我防御功能有用。

不同类型的人倾向于持不同功能的态度。自我控制能力强的人更注重自我形象，而自我控制能力差的人更注重实际效用。因此，以产品图片为主的说服性信息对自我控制能力强的人有效，而侧重说明产品质量的信息则对自我控制能力差的人有效，这一点在斯奈德（Snyder）和德博诺（DeBono）于1985年进行的一项实验中得到了证实。他们分别向被试展示了巴克莱香烟和爱尔兰摩卡薄荷咖啡等产品的图片导向和质量导向广告，每种产品的广告内容都是一样的，只是标题不同。例如，在图片导向的爱尔兰摩卡薄荷咖啡广告中，展示的是一对正处于浪漫环境中的情侣，标题为"让爱尔兰摩卡薄荷咖啡温暖这个寒夜"。但是，在质量导向的广告中，标题的重点则是咖啡的味道而不是外观（如图6–1所示）。

自我控制能力强的人对图片型吸引更易感

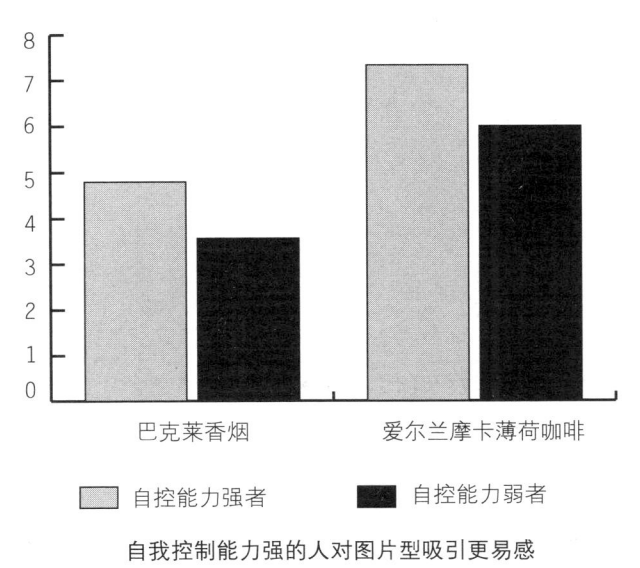

图6–1　图片导向广告的易感度

认知失调理论

该理论认为，人们会努力实现目标行为与目标态度之间的一致性。它不仅解释了为什么人们会改变态度，还揭示了态度与行为之间可能会存在的差异。该理论与第 8 章中讨论的平衡理论有相似之处。

认知失调理论的主要观点是，人们会被激励去做出某些行为，从而实现态度与行为的一致。也就是说，态度的改变是为了减少不安感，当态度与人们所掌握的信息不一致时，比如当他们接收到说服性的广告信息刺激时，他们就会改变态度，保持态度与行为之间的一致性。例如，当一个老烟民看到一则宣传吸烟致癌的广告时，他可能会意识到戒烟的重要性，但他仍会每天抽 20 根烟。因此，他需要改变自己的思维方式或行为方式，否则就会感到不安。由于认知失调会引起不适，因此人们会尝试减少这种不适感，在这一点上有许多方法可以使用（请参见表 6–1 中的实例）。

表 6–1　　可以缓解认知失调的方式及可采取的措施

可以缓解认知失调的方式	可采取的措施
• 将态度极端化	• 生活忙碌，我想不到合适的方法戒烟，何况这没有生命威胁
• 将认知一致化	• 强调戒烟的负面影响，比如戒断症状有多痛苦
• 将认知的重要性合理化	• 如果我去健身就会压缩工作时间
• 改变行为以使其与认知相协调	• 去健身房锻炼
• 否认矛盾的存在	• 不承认自己从来不锻炼，而是声称自己锻炼，比如每天从公交车站走到单位

当人们的自我形象受到威胁时，认知失调是最严重的，原因是人们发现自己不是自认为的那种人，也根本没有做过相应的行为。意识到自己可能是另一种人，会让人感觉非常沮丧。通常为了避免引起不适感，人们会拒绝接触那些使态度与行为相悖的信息，这就是著名的**选择性接触假说**。但也有一些人对于接触的信息

并不那么挑剔，这种人的态度要么非常坚定，要么十分模糊。如果人们持有坚定的态度，那他们往往有能力轻易地反驳遇到的不协调信息，因此不必试图避免这些信息。但如果他们的态度很模糊，似乎最好迅速搞明白接触的信息的性质，以避免长期的潜在痛苦。所以，在接触到不协调的信息后，个体可以对态度做出适当的调整以保持平衡。

启发法系统模型

启发法系统模型（the heuristic-systematic model, HSM）是由柴肯（Chaiken）提出的，是第 7 章中讨论的详尽可能性模型（the elaboration likelihood model, ELM）的替代方法。启发法系统模型认为，一旦那些具有说服力的信息经过系统化或启发处理被人们相信，他们的态度就可能会发生改变。系统化处理过的信息很可能经过了仔细检查，而启发法处理的信息可能仅被理解了表面价值。当人们考虑可用参数时，需要对信息进行系统化处理；当人们无须过多考虑时，可以对信息进行启发法处理。启发法的信息处理方式是采用认知启发的方式简化信息。第 3 章曾提到过，启发法是一种心理捷径和经验法则（另请参见第 8 章）。因此，当消费者运用启发法判断营销信息的说服力时，他们可能会认为"统计数字不会撒谎"或者"论据越长越有说服力"。简而言之，他们只通过"封面"就对"一本书"做出了判断。

许多消费者都采用启发法处理有说服力的信息，这意味着许多广告都只能将"肤浅的信息"传达给观众（参考第 7 章介绍的 ELM）。例如，保健品广告里通常会出现一个身穿白大褂、看上去德高望重的人。这样做就是为了让消费者下意识地认为这种保健品是被权威的科学家认可的。当消费者对他们所持的态度有信心时，他们通常会采用启发法处理；而当他们缺乏自信时，他们就倾向于进行系统化处理，以便更广泛地思考所遇到的信息。

情绪会影响人们处理信息的方式。当处理高情绪水平的说服性信息时，人们更倾向于选择启发法；而处理低情绪水平的信息时，人们更倾向于选择系统化处理方法。

消费者的情绪也会影响信息的处理方式。心情愉悦的消费者可能会更多地关注某条与其心情状态密切相关的信息，并因此采用系统化处理方法。

态度可以预测行为吗

消费者的态度最终会影响其决策。如果这个结论不成立的话，那就说明营销者一直在浪费金钱。因为一直以来，营销者都倾向于认为自己的广告活动会改变消费者的态度，进而影响他们的消费行为。

态度和行为之间的关系得到了广泛的研究，但这种关系还不明确。有时人们会发现态度并不能很好地预测行为，部分原因可能是研究方法不严谨，另一个原因是无法衡量人们的特定态度，而这种态度很可能与人们想要探究的某个行为直接相关。

我们很难去研究消费者的态度并将其作为行为的风向标，因为当消费者外出购物时，我们无法考虑其所受到的所有情境影响。许多关于态度的研究都是在实验室中进行的，这意味着它们缺乏生态效度。然而，态度的某些方面已经经过了严格的研究，并在预测行为时被确定为影响因素（如态度强度、态度可达性和直接经验）。

态度强度

强烈、坚定的态度更有可能预测行为，因为秉持坚定态度的人不会轻易受有说服力的信息影响。法齐奥（Fazio）认为坚定的态度会与事物之间产生评价性联想。联想的强度会因是无链接（即没有态度）、弱链接还是强链接而有所不同（如图 6-2 所示）。只有强烈的联想才会自动从记忆中浮现出来。这种关联的自主激活很重要，因为态度只有被激活才能指导行为。强链接通常来源于直接经验或我们特别感兴趣的事物。例如，一个常年驾驶萨博汽车的人会更在乎汽车的性能以及其他人的评价。如果他很满意这款车的性能，而其他人对车的看法也不错，那么他将来很可能还会购买这一品牌的汽车。

联想的强度是不同的，只有强烈的联想才会从记忆中自动浮现出来，并预测消费行为。

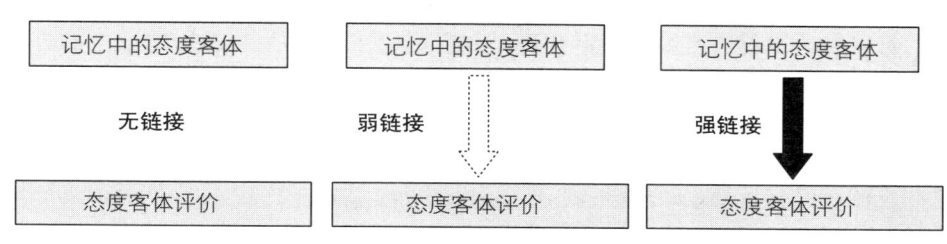

记忆中的态度客体	记忆中的态度客体	记忆中的态度客体
无链接	弱链接	强链接
态度客体评价	态度客体评价	态度客体评价

图 6–2　法齐奥的评价性联想

态度可达性

那些可以轻易地回忆，而且更快速地表达出来的态度，更容易指导人们的行为。并且，这种可达的态度会随着时间的推移变得更加稳定和不易改变。与态度强度一样，对态度可达性的研究也利用了法齐奥的态度模型。态度可达性研究的基本观点是，态度的功能性取决于其自动激发的程度，而激发的可能性取决于客体评价性联想的强度。强烈的客体评价性联想十分有用，因为它不仅可以让人们更容易做出决定，还可以引导视觉注意和对刺激的分类（当刺激属于特定组别时）。有些客体可以归属于多种类别，为了说明态度可达性如何影响对这些客体的分类，史密斯、法齐奥和塞加卡（Cejka）在 1996 年的实验中，分别对健康食品和乳制品的分类进行了强化，并要求被试从多种类别中选择一种为客体归类。当被试表达他们对乳制品的态度之后，酸奶更有可能被归类为乳制品；但是，如果被试刚表达完对健康食品的态度，那酸奶就更有可能被归类为健康食品。

需要注意的是，法齐奥的理论模型受到了批评，因为人们发现，客体评价性联想与自我报告之间的关联很弱，这意味着人们的想法和他们所表达的内容之间未必一致。

孩子们的穿着会明确地显示性别，同样，孩子们的玩具也能强化他们的性别观念。

直接经验

直接经验不仅会影响态度的强度（如前文所述），而且还会影响态度的可达性。与间接经验相比，由直接经验形成的态度与行为具备更强的相关性。例如，品尝食品比仅仅阅读食用说明更能预测消费者未来购买的可能性。但是，直接经验产生的态度与行为之间的联系并不总是很紧密。这一点可以从那些被抓到酒后驾驶或吸毒的人身上明显看出，谁都不能确定他们将来还会不会做出此类行为。

大众传媒的影响

我们的态度可以通过不同的渠道来学习，因此很难确定某种特定的态度来自哪个渠道。但仍有研究表明，有些渠道确实有助于人们形成某种态度，即便不是形成，至少也会起到加强或者维持的作用。大众传媒就是这样一种渠道。研究发现，当人们的态度不坚定时，大众传媒对态度形成的影响最大。这很可能解释了为什么电视在儿童的态度形成中起着重要作用，因为儿童对各种事物的态度正在形成发展当中，他们往往没有或仅有少量的认知经验。儿童基本上是利用大众传媒来了解自己所生活的社会的，这就是所谓的**涵化理论**。由于媒体经常歪曲现实，人们可能会对世界形成两种截然不同的印象：一种是社会现实，另一种是电视现实。涵化理论认为，那些花费大量时间看电视的人会形成一种电视现实，导致他们对生活的看法更符合电视的描述，而不是真实的现实。这一理论预测，一个受大众媒体影响较深的人会持有扭曲的生活态度，因为大众传媒并不代表真实的现实。该理论还认为，媒体消费与态度之间的关系并不总是线性的，这得到了一些刻板角色和暴力色情方面研究的支持。从这些研究中可以看出，某些电影、电视节目、报纸等的消费可以对人们态度的形成和维持起到一定的作用。

刻板的性别角色

有人认为，媒体对塑造刻板的性别角色起着至关重要的作用。自我们出生的那一刻，媒体的影响就开始了，用来祝贺孩子出生所送的卡片和礼物就包含刻板印象，例如，是男孩就用蓝色卡片，是女孩就用粉红色卡片。并且，儿童的着装方式也体现了性别的对立（如图6–3所示）。儿童电视节目和书籍仍旧用特定的方式叙述男女之别：节目中，女性常被塑造成软弱和被动的，而男性则是强壮和主动的；书籍也常常把女性描绘成依赖男性的角色。长期接触这些刻板的性别角色似乎会影响孩子们对男性和女性的看法。西尼奥雷利（Signorelli）和利尔斯（Lears）在一项研究中发现，花费大量时间看电视的一、三、五和七年级的孩子对于男女应该做什么类型的家务有着更强烈的刻板印象。

刻板的性别角色不仅在儿童节目和书籍中屡见不鲜，而且在针对成人受众的媒体信息中也很常见。在一项研究中，研究人员对报纸和杂志上的1750张男性和女性图像进行了分析，结果发现男性图像更强调头部，而女性图像更强调身体。这种差异被称

图6–3 使用刻板性的提示来强化性别差异

为"面部主义"。面部主义会导致人们过分看重女性的外表，而男性的面部突出则象征着野心和智慧。因此，媒体图像的焦点也会影响人们对男性和女性的态度。

暴力色情内容

研究发现，暴力色情内容会影响男性对待女性的态度。这在唐纳斯坦（Donnerstein）和伯科维茨（Berkowitz）于1981年进行的一项研究中体现得尤为突出。在这项研究中，参与实验的男性在观看电影之前因受到女性的挑衅而发怒，他们被分配观看暴力色情或非暴力色情的电影。之后，这些被试将有机会对激怒他们的女性采取报复行动，他们可以决定在不相关的实验中对那些女性施加何种程度的电击（被试不知道电击不是真实的）。研究结果表明，那些观看过暴力色情电影的男性更有可能对女性施加更严重的电击，这表明暴力与色情的结合会导致伤害女性行为的发生。其他研究人员也发现了类似的结果。比如，有些暴力色情影片里存在女性乐意接受暴力行为的情节，喜欢观看这些影片的男性更容易侵犯女性，而当这些影片把女性描述为享受暴力的一方时，它们也强化了强奸迷思，削弱了对伤害女性的社会约束。

齐尔曼和布赖恩特（Bryant）于1984年进行的一项研究概述了暴力色情内容在男性对强奸的态度以及强奸犯应受到何种惩罚中所起的作用。实验中，一组被试被要求观看大量暴力色情电影，另一组则什么都没有观看。研究发现，第一组被试通常对他们的所见所闻不再有同情心，对强奸行为变得更宽容，不太赞成对强奸犯处以严厉的惩罚（如图6–4所示）。

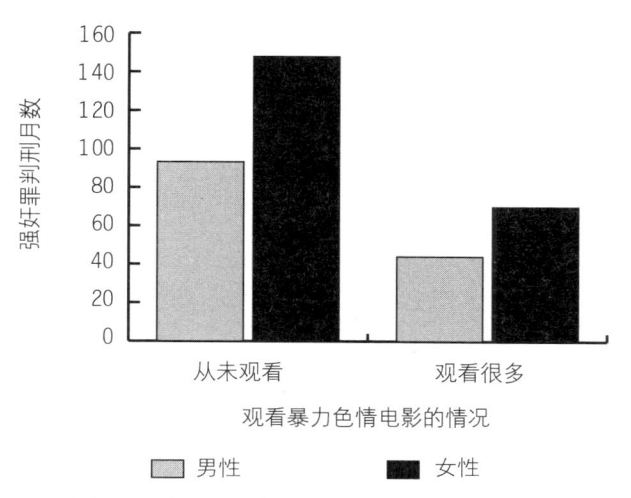

图 6-4　陪审团观看暴力色情电影的数量对强奸案被告量刑的影响

小结

态度是人们对人、物和思想的评价,可以通过认知、情感或行为而产生。期望-价值模型认为态度是因为人们想尽力去达成一个特定目标而产生的。态度分为两种,即显性(有意识的)态度和隐性(无意识的)态度,这两种态度都会影响人们看待产品的方式。关于人们为什么会改变态度的分析研究有很多。功能理论认为,态度的改变是为了达成特定目的;认知失调理论认为态度的改变是为了保持行为和态度之间的一致性;而启发法系统模型则认为有说服力的信息是态度改变的潜在因素。

不是所有的态度都可以预测行为,但是坚定的、可达的、来自直接经验的态度更有可能做到这一点。媒体是一种可能会影响人们态度的渠道。关于刻板的性别角色和暴力色情的研究证实了媒体对态度的影响。

想一想 / CONSUMER PSYCHOLOGY

1. 营销者如何让人们对产品产生积极的态度?
2. 认知失调理论真的能够解释人们被推动去改变态度的原因吗?
3. 在什么情况下态度不可能预测行为?
4. 哪种类型的媒体可能影响人们的态度?
5. 营销者为何对态度的形成感兴趣?

CHAPTER 7

第 7 章

如何不留痕迹地影响消费者决策

如今，广告无处不在，人人都无法避免广告信息。每年都有数十亿美元花在广告费用上，这种现象深刻地影响了消费者对产品、服务及其购买的商品的态度。然而，并非所有的广告宣传都能成功地提高销售额，若想从众多的竞争对手中脱颖而出，还需采取一些策略。本章旨在概述和讨论那些众所周知会影响受众的因素，以及广告商是如何通过操控各种变量，使受众对其所提供的信息进行更全面的加工处理的。

广告

　　广告信息的轰炸已经成为社会中的普遍现象，其传播途径不胜枚举。电视、广播、邮件、互联网、广告牌、报纸、杂志、公交以及电话等都是常见的传播途径。就在不久以前，广告商还主要采用传单、报纸或杂志广告、广告牌，以及电视广告等模式。但随着时代的发展，广告商被赋予更高的要求——以更具创造力的方式与消费者接触，在一定程度上，这种创造力会随着新技术的发展而发展。比方说，2004年，维珍公司在澳大利亚重启商业计划，大多数宣传活动都采用了当时最新潮的发送短信的方式。然而，追根溯源，发展创造力最主要的动因还是激烈的竞争，由此才衍生出了广告几乎随处可见的局面。虽然目前对于消费者每天所见的广告数量，并没有调查出确切的数字，但据统计，这一数字可能在500~3000之间。

　　许多消费者持这样一种心态：广告只会影响他人，而非自己。他们常常刻意地与广告信息保持距离。然而，毫无疑问，广告对人们的影响确实存在，当人们不断地接触各类广告时，没有人能够不受其影响。当然，如果消费者遇到的广告信息非常繁杂，那他们根本无法注意到所有，更不用说还要在大脑中对其进行充分加工处理了。即使被迫这么做了，他们也会感到精神疲惫。但是，倘若广告能够博得关注，并给消费者留下深刻印象，那么它们可能会使产品和服务的销售额增长20倍以上。当然，如此大幅度的增长并不常见。

　　新品牌与老品牌的竞争尤其困难。相比之下，消费者更容易回忆起自己已经熟悉的品牌。因此，老品牌受竞争性广告宣传的影响较小。但是，总的来说，无论新老品牌都面临着激烈的广告竞争，在这种竞争中，只有激流勇进、灵活机动，才能取得优势。

显然，广告宣传的成效不尽相同，有的成果卓著，有的收效甚微。若想探究个中缘由，那么很遗憾，这个问题还没有明确的答案，而且广告心理学的研究领域所涉及的内容很广泛，本章无法涵盖所有方面。如果读者对这一领域确有兴趣，不妨进一步拓展阅读。但是无论如何，为了成功开展广告宣传活动，掌握一些心理学方面的知识都尤为重要，比如，如何吸引消费者的注意力，怎样使广告更加精美等。下文中我们会对此进行探讨。

注意力的作用

抓住消费者的眼球是广告成功的第一步（关于注意的作用方式，请参阅第3章）。因此，广告研究人员为了能让观众主动注意到广告信息，一直在努力探寻各种可行的方法。在这样一个竞争激烈的市场环境下，广告刺激不断地与其他众多营销要素竞争，因此能否博得消费者的注意成了最必要的条件，不然广告根本无法对消费者产生任何影响。

一些特定因素可以提高广告受到注意的概率，比如"形象生动性刺激"和"显著性刺激"，它们是商业广告以及其他各类广告中的常见要素。形象生动性刺激能够让广告"脱颖而出"，它以一种自动和非自愿的方式吸引消费者的注意，从而使广告得到更多关注。无论有何种其他刺激，形象生动性刺激都能脱颖而出，抓人眼球。这类刺激具有三个标准：（1）情感上有趣；（2）具体有形，能激发想象；（3）在感觉、时间和空间方面无限接近真实。

在贝纳通公司的广告中可以经常找到形象生动性刺激，这些广告广为人知，总是在公众场合和媒体上被人们讨论。比如，贝纳通公司在一则广告中使用了一张脐带还未剪断的新生儿图片（如图7-1所示），令人印象深刻。

当在有说服力的广告语境中使用形象生动性刺激时，尤其需要谨慎。因为，为了确保信息的有效输出，形象生动性刺激本身必须与其结论一致，否则就可能会分散观众对核心信息的注意。而且如果观众本无必要关注此广告，那么他们被形象生动性刺激分散注意的可能性就会大大提高。这样一来，信息很难被观众记住，更别提说服他们了。然而，当人们被告知要注意包含生动元素的信息时，这些元素似乎对记忆和说服力就不再产生负面影响。

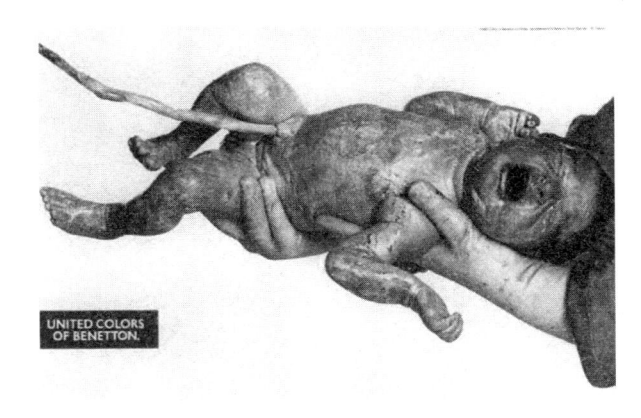

图 7-1　贝纳通公司的广告

据研究发现，显著性刺激与形象生动性刺激都可以有效地吸引消费者的注意。然而，二者的不同之处在于显著性刺激依赖于广告的背景，因此无法在任何环境下都吸引人们的注意。然而，如果抛开广告所处的环境不谈，显著性刺激确实能够促使消费者不由自主地注意到它。调查发现，一些显著的听觉刺激甚至能够增强广告在观众记忆中的强度。运用显著性刺激的方式多种多样，比如提高音量（通常运用在电视广告中），使用明亮的不规则形状，以及在两个场景之间切换亮度等。

广告信息的详尽加工

广告的一个重要用途是改变消费者对产品和品牌的态度。许多文章都探讨过"如何使用说服性信息改变消费者的态度"，在试图创作有效的广告时，了解这些方法是很有必要的。而由于对广告信息处理的深度及广度不同，消费者态度的改变强度也会有所不同。根据广告内容以及广告商希望消费者态度改变所能持续的时间，可以采用不同的技巧来引导消费者对说服性信息进行或表面或深入的探究。

1986年，理查德·派蒂（Richard Petty）和约翰·卡乔鲍（John Cacioppo）提出的详尽可能性模型（ELM）试图解释"不同类型的说服性信息的加工处理方式如何造成更强/更弱和更持久/更短暂的消费者态度改变"。该模型支持双路径视角的概念，即一条路径会产生相对较强和持久的态度改变（中心路径），而另一条路径会产生相对较弱和短暂的态度改变（外周路径）。一般来说，如果消费者喜欢其所见所闻，那么他们对信息的加工越详尽，就越有可能被这个信息说服。信息与个体的关联程度通常决定了消费者会选择哪条路径。此外，使用中心路径的可能性也取决于消费者加工信息的动机和能力。当消费者动机和能力较强时，他们一般会采用中心路径（如图7-2所示），外周路径是默认选项。也就是说，当信息与消费者无关，而且其动机和能力较弱时，就会自动选择外周路径。对于广告商来说，了解消费者最有可能使用哪种路径是至关重要的，因为他们所选择的路径决定了他们接收的信息类型。

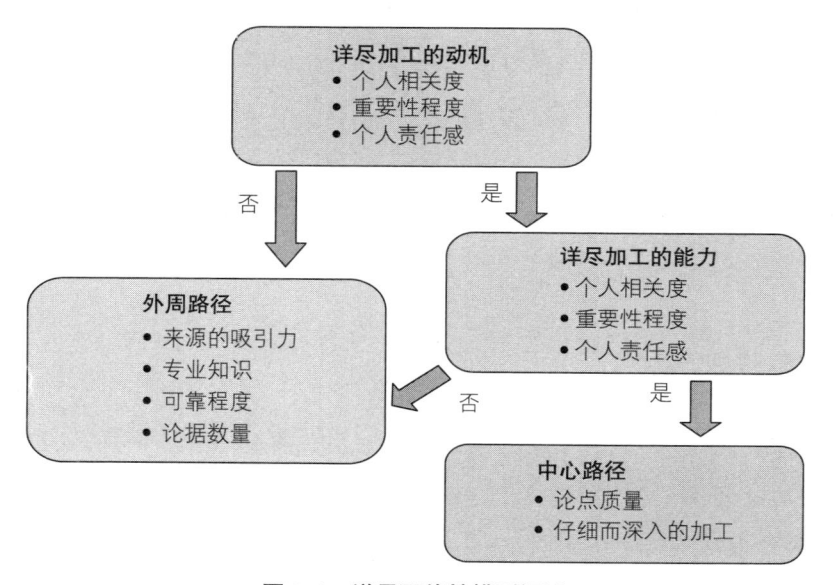

图 7-2 详尽可能性模型概述

中心说服路径

从图 7–2 中可以看出，当面对说服性广告信息时，人们首先会评估自己是否对此有详尽加工的动机。信息评估是从以下几点进行的：（1）是否与个人相关；（2）是否足够重要；（3）是否有责任关注；（4）是否需要深入思考。人们会在一瞬间处理所有的问题，而这种处理往往是下意识的。如果以上任一问题的答案是肯定的，那么他们便会继续评估其是否有能力详尽加工信息。为了对信息进行详尽加工，个体需要在不被其他刺激打扰的情况下，用充足的时间对此进一步思考。此外，个体不仅要能够理解信息，还要在此前对该领域有一定的了解。如果满足这些标准，他们将会仔细处理信息并思考其合理性。然而，一旦个体在信息的详尽加工过程中遇到障碍，他们就会自动切换到外周路径。

那些通过中心路径加工后的态度会更为强烈，因此不容易被改变，从而更加持久，并提高了所预测行为发生的可能性。这种态度之所以更强的主要原因是，广告商"预谋"的信息已被受众完全领会。通过制作与特定的消费者群体直接相关的广告，广告商提高了他们对广告内容详尽加工的可能性。此外，还应仔细考虑使用的语言类型，因为当消费者被鼓励对信息进一步加工时，语言类型可能是决定他们是否被信息说服的重要因素。

外周说服路径

如果人们缺乏对说服性信息进行详尽加工的能力，他们就会转向外周路径，但是，这并非进行外周加工的唯一动因。消费者在发现自己没有深入了解信息的动机后，也可能会选择使用外周路径（如图 7–2 所示）。一旦他们放弃对信息本身进行深度思考，转而采用外周路径，那他们便会利用表面线索（如来源的吸引力或论据的数量）来确定广告是否合其胃口。

研究发现，当使用外周路径时，有三类因素可以提高沟通的说服力：（1）来源；（2）信息；（3）受众。

来源

产品或服务信息的展示者会影响信息对消费者的说服力。可靠和信誉是决定信息来源能否得到消费者青睐的两个重要方面，而它们往往是相辅相成的。一般情况下，消费者认为专家比普通人更可信；然而，他们的可靠程度还要取决于其信誉。

早在1951年，霍夫兰（Hovland）和韦斯（Weiss）进行了一项研究，结果发现专家比普通人更有说服力。被试被要求阅读一则关于核潜艇用途的说服性信息，被试或被告知这则信息来自一位著名的美国物理学家，或被告知来自一家俄罗斯报刊。结果发现，来自"美国物理学家"的信息说服力更强。

信誉也与个人的受欢迎程度有关，名人尤其如此。这就是为什么广告商通常使用名人、受欢迎的人来为产品代言。例如，大卫·贝克汉姆代言了乔治·阿玛尼和百事可乐，皮尔斯·布鲁斯南（Pierce Brosnan）代言了欧米茄和雅格狮丹，利兹·赫利（Liz Hurley）代言了梦龙雪糕和雅诗兰黛。然而，市场研究表明，消费者并不认为那些代言大量产品的名人就值得信赖，而是认为他们代言只是为了钱。相反，如果在广告宣传中使用多个无偿代言人，却可以使产品在消费者心中留下更正面的印象，因为消费者会认为这些人是真的在为产品的品质代言。

其他影响因素还包括代言人的性别（男性通常比女性更有说服力）及其与大众的相似度（相似度越高，越有说服力）。相似度的判断可能包括几个方面：外表、职业和社会地位。研究甚至还发现，若代言人与受众的名字具有一定的相似性，不仅可以提高代言人的受欢迎程度，还能够提高受众遵从其请求的可能性。然而，尽管与受众相似的代言人在传达关于某种品位或判断的信息时往往更具说服力，但如果传达的信息是一个确切的事实，那么相似度较低的代言人可能会发挥更好的说服作用。

另外，代言人传达广告信息的速度也会影响受众被说服的程度。据调查发现，代言人较快的语速会抑制受众对展示论据的加工，进而提高其被说服的可能性。

代言人个人魅力的影响也不可小觑，因为不受欢迎和没有吸引力的人往往缺乏说服力。毫无疑问，美丽的人更具说服力，这解释了为什么模特和有魅力的名人经常出现在广告中。相比没有吸引力的名人，当简·方达（Jane Fonda）[①]这样的美女出现在广告中时，人们更愿意相信她宣传的某款面霜具有除皱功能。

当一个美丽的女人表达自己想要影响受众的期望时，其影响可能是最大的。这大概是因为人们倾向于取悦那些他们认为有吸引力的人，就像他们期望有吸引力的人支持他们认可的观点一样。但是，为了确保外表吸引力对受众产生预期的影响，最好选择与广告产品类别明确相关的外表属性。

如果第一时间就成功地传达信息自然是最好的，但是如果受众没有被一下子说服，也并非就日暮途穷。也许论点本身还不错，最初遭到拒绝只是由于信誉不佳，而这种信誉度往往与产品信息的实际来源有关。在这种情况下，产品信息本身可能会被记住，而当初忽视它的原因可能会随着时间的推移而被遗忘，这样一来，其仍然可以影响受众。这就是所谓的"睡眠者效应"。1951年，霍夫兰和韦斯在一项研究中测试了睡眠者效应。他们向被试展示了一则信息，信息来源的可信度或高或低。展示过后，他们立即向所有被试询问其对该信息的态度，结果发现，那些得到高可信度来源信息的被试更有可能改变他们的态度。然而，四周之后，当再次询问被试时，研究者发现两组被试的态度改变几乎相同。由此可见，那些得到低可信度来源信息的被试受到了睡眠者效应的影响。

最近，还有研究发现，当信息本身的论点以及导致信息效力"打折"的原因在最初对受众造成强烈影响时，睡眠者效应发生的可能性更大。

---

① 美国影视演员、模特。——译者注

信息

说服性信息本身的呈现方式有助于听众决定是否喜欢它。就内容而言，一方面，当广告中的品牌对消费者来说很陌生时，最好提出一个双边的论点，而不是仅仅提出一个片面的观点。这样一来，消费者就有可能认为广告很真诚，而不是在描绘一幅绚丽而虚妄的画面。另一方面，经证明，当为消费者熟悉的品牌做广告时，片面的论点更有说服力。

另外，尽量避免设计一个看起来以刻意说服消费者为导向的信息。相比明显为说服消费者而设计的信息，使用战略性的沟通技巧往往更有效。在广告宣传中，必须确保信息不断地被重复。这样的重复可以提高消费者相信广告产品为真的可能性，而不在意广告中的观点是否正确。这有助于强化产品给人们留下的印象，以便他们在购物时对该产品多加注意。

受众

受众对产品的初始态度也会影响他们对说服性广告信息的反应。当受众持有的信念与信息本身相近时，他们更有可能被说服；而当他们的最初立场与信息之间存在巨大差异时，他们则很难被说服。

另一个影响说服可能性的变量是自尊。研究发现，被说服的容易程度与个体的自尊之间构成倒 U 形曲线关系。与中等自尊水平的人相比，自尊水平偏高或偏低的人都不太容易被说服。而且，性别在其中也很重要，女性比男性更容易被说服。这是 1994 年舒勒（Schuller）、史密斯（Smith）和奥尔森（Olson）在一个模拟法庭的案例中发现的，此案例设定的情景是一位妇女杀死了她的丈夫。被试需将自己想象为陪审团的一员：一组陪审员首先听取了证人的证词，证人表示，这名妇女因多次遭到丈夫殴打，才会最终将其杀害；而另一组陪审员没有听取证人的证词。研究发现，两组男性陪审员判定该妇女犯有谋杀罪的可能性几乎相同。然而，听取了证人证词的女性陪审员与另一组女性陪审员相比，判定该妇女犯谋杀罪的可能性要低得多。

详尽可能性模型的复杂性

详尽可能性模型是一个复杂的模型，这意味着它的结构并不总是泾渭分明的。这一模型的某些特征可能会让人对它在广告领域的应用产生怀疑，例如，影响因素的灵活运用程度如何，以及它在多大程度上可以预测消费者是否会对所接触到的说服性信息采取行动。

影响因素的灵活运用

上文关于不同因素如何适用于详尽可能性模型的讨论并不是一成不变的。例如，虽然品牌名称被认为是契合外周路径的因素之一，但也有人建议，可以用它来触发受众，使其对说服性信息进行更深入的详尽加工。在消费者对广告品牌特别感兴趣的时候，后一种情况发生的可能性更大。

其他例子表明，某些因素并不总是只适用于一种说服路径，其中包括普里斯特（Priester）和派蒂在1995年的研究。他们发现，人们对信息来源可靠性的期望能够或多或少地促进详尽加工。还有研究发现，当个人特征（如吸引力）与产品无关时，它会被用作外周线索；但当它与广告产品明确相关时，它就可以作为进一步加工的线索。

基于上述原因，我们有必要谨慎地对待说服性因素，考虑它们各自的优点，并将其灵活运用于产品广告。

态度与行为

详尽可能性模型旨在研究说服性信息对受众态度的影响，这意味着我们还需要考虑态度可以在多大程度上预测行为。正如上一章所述，关于态度如何预测行为的答案尚不明确。然而，当态度由于详尽加工而改变时，消费者更可能根据所形成的态度采取相应的行动。2001年，普里斯特、纳亚肯库帕姆

（Nayakankuppam）、弗莱明（Fleming）和戈德克（Godek）在研究详尽加工对选择的影响时证实了这一点。他们向被试展示了自己制作的棒棒糖广告，广告中既展现了强有力的论据，又包含了富有吸引力的表面因素，这些表面因素可以起到外周线索的作用。将强有力的论据与外周线索结合起来，确保受众在采用中心路径和外周路径时，都能形成积极的态度。实验要求一半的被试关注自己观看广告时的想法和情绪（中心路径），另一半则要计算广告包含多少除单音节以外的单词（外周路径）。之后，所有被试在被问及对棒棒糖的态度时都报告了积极的态度。然而，当要求被试选择一种棒棒糖时，研究者发现，对信息详尽加工过的被试更倾向于选择广告所宣传的那种，这表明广泛而深入的详尽加工更有可能对行为产生影响。

广告成功的其他因素

详尽可能性模型解释了改变消费者对广告态度的诸多因素。除了这一模型之外，还有大量研究也进行了相关调查，主要内容涉及那些影响广告被感知、是否容易被记忆和注意的变量。目前已经证实广告中的幽默、性、音乐、恐惧、震惊等变量是有效的。此外，研究还发现，电视广告投放的节目类型以及信息呈现的时间也会影响广告的效果。

幽默

大约有 10%~30% 的电视广告含有幽默成分，也就是说，幽默在广告中可以算是一种常用的手段。幽默广告在吸引消费者注意、带动观众情绪，以及增强广告反应方面都可以发挥积极的作用。研究表明，在相关度较低的情况下，幽默广告的效果通常更好，因此幽默更可能被作为外周线索来使用。

许多广告宣传之所以成功都是因为很好地运用了幽默元素，"私房钱"[①]（Egg

---

① 这是一种多功能预付礼品卡。——译者注

money）广告就是其中之一。在广告中，豚鼠使用信用卡购买各种商品（如图 7-3 所示）。

图 7-3　幽默广告示例

虽然不少人都讨论过幽默广告的有效性，但这一主题的相关研究还远远不够。幽默广告的优势早已不言而喻，但现有的一些研究仍然对其有效性提出了质疑。关于幽默的运用存在两大障碍：一是它会引起复杂的情绪；二是文化差异导致人们的"笑点"不同。在一个多元文化并存的世界，广告宣传往往要用于不同的国家，这可能是个问题。

另外，经研究发现，广告也不能太过"有趣"，因为幽默元素会分散受众的注意力，导致他们忽略广告的内容。为了避免这种情况发生，品牌或产品必须非常醒目，并清晰地融入故事当中。关键是要确保使用的幽默类型与宣传的产品明确相关。至于选择哪种幽默类型，还要取决于实际的产品类别，迄今为止，对此还没有严格的规定。

性

自 20 世纪 70 年代以来，广告业越来越多地使用性感形象和性暗示。例如，在 20 世纪 80 年代，Calvin Klein（CK）的一则牛仔裤广告以 15 岁的波姬·小丝[①]（Brooke Shields）为主角，镜头先聚焦在她修长的双腿上，接着慢慢地移动到了内侧裤缝处，就在此时，她开口问道："你想知道我和我的 CK 牛仔裤之间有什么障碍吗？什么都没有！"在这之后才是她的全身镜头。之所以使用这样的影像，是因为研究发现了"性吸引"的作用。1968 年，在史密斯和恩格尔（Engle）进行的一项研究中，两人向两组男性被试展示了一则汽车广告，广告中要么有一位"性感"女郎，要么没有。有趣的是，仅仅是性感美女的出现就让被试认为这款车速度更快，更昂贵，设计更佳。

性感广告不仅能给人留下更积极的印象，而且还能够吸引注意力。与那些不包含性元素的广告相比，它们更迷人、更有趣。在一项使用前文描述的 CK 广告的研究中，研究者使用了两个版本的广告（一个含有性元素，另一个不含性元素）来进行测试，结果证实，男性和女性被试都认为含有性元素的广告版本更有趣。

在很多情况下，性感广告都利用了经典条件反射原理（有关经典条件反射的详细阐述，请参见第 2 章）。比如，通过将产品与某位性感女郎反复配对出现，渐渐地，消费者一看到产品，就会联想起看到该女性时所体验到的兴奋感。在刚才

---

① 美国演员、作家、模特。——译者注

提到的场景中，非条件刺激是性感女郎，非条件反应是看到她时的兴奋感，条件刺激是广告中的产品，条件反应是当性感女郎与产品之间建立联系后，消费者看到产品时的兴奋感（参见图 2–6）。经典条件反射往往在引发人们的生理反应时效果最佳，因此包含性元素的影像可以成为一种强有力的工具。

音乐

商业广告中不乏音乐元素，音乐是吸引和保持观众注意力的常用手段。然而，目前还缺乏关于音乐如何影响注意的研究，但这并不是说音乐不会对观众产生影响。因为有研究表明，音乐与回忆、说服力以及购买概率之间存在联系。此外，关于什么样的音乐会影响认知反应也存在争议，但这似乎取决于所使用的音乐类型，以及它与广告信息之间的相关性。在广告中，若能配上合适的音乐，不仅能令人产生愉悦的感觉，而且还可以传情达意，起到进一步加强信息的效果。

就像性元素一样，经典条件反射同样适用于音乐元素。1982 年，戈恩证明了这一点，当时他想测试是否可以将音乐与特定的产品进行配对，使人们之后一听到音乐，就会联想到这一产品。他向被试分别展示了一支米色钢笔和一支蓝色钢笔的广告。米色钢笔的广告镜头伴随着宛转悠扬的配乐缓缓播放；相比之下，蓝色钢笔的广告配乐则有些不堪入耳。之后，被试要在这两种钢笔中做出选择，79% 的被试选择了米色钢笔。其中，大多数人表示选择米色钢笔是出于对颜色的喜爱，只有一人提到了所听到的音乐。因此，研究人员得出结论，音乐在测试中充当了条件刺激——通过引发愉悦的情绪提高了被试选择米色钢笔的可能性。有一点也许需要说明：其他人曾试图使用不同的实验方法来复制该实验结果，但均以失败告终。

恐惧

超速驾驶和过度饮酒是两种常见的鲁莽行为，若是试图通过广告来改变此类行为，那么在广告中加入恐惧元素可以算得上一种司空见惯的做法。这类广告突出强调，如果不改变行为，可能会引发怎样可怕的后果，希望借此激励人们改变态度，纠正行为。

那么恐惧真的可以影响观众吗？答案是肯定的。但是为了引起最理想的反应，恐惧元素的使用要适度，同时还要向观众展示广告中所出现问题的解决方案。比方说，在希望减少酒驾行为的公益广告中，不能使观众过度害怕，也就是说，最好不要在广告中出现血腥和死亡的画面；另外，可以为他们提供出租车公司的联系方式，帮助他们安全回家。

如果在广告中加入适量的恐惧元素，让消费者认为信息将教会他们如何做出正确的行为，那么他们可能会对信息进行详尽加工，进而改变态度。相反，如果使用的恐惧元素过多，观众对所看到的画面太害怕，则有可能忽视信息；但如果使用的恐惧元素过少，观众可能仍然会选择忽略广告。因此，恐惧和态度改变之间的关系就形成了一个倒 U 形曲线（如图 7-4 所示）。

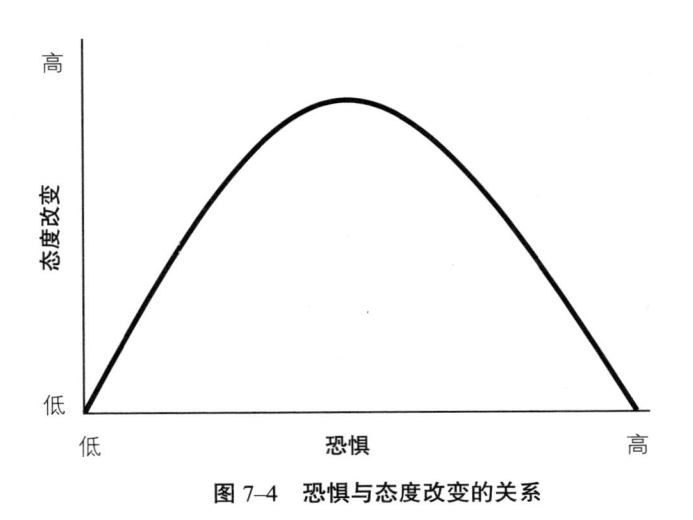

图 7-4　恐惧与态度改变的关系

含有威胁意味的广告一般分为两类：（1）社会威胁；（2）人身威胁。社会威胁更关注被社会排斥的人群；而人身威胁则直接关系到一个人的身体、健康乃至生命。尽管一些研究人员认为使用社会威胁可能与人身威胁具有同等甚至更强的说服力，但这可能取决于广告内容和对象。例如，一项针对英国青少年的研究发现，与其强调"吸烟会造成长期的健康问题"，不如强调吸烟在短期内对容貌产生的不良影响，后者的效用远大于前者。因为那样的反吸烟宣传暗示吸烟的青少年可能会在社会上不受欢迎。但年长的受众似乎对包含"长期影响身体健康"的信息反应更强烈。

震惊

在广告中加入震惊元素也是一种常见手段，震惊与恐惧的作用相似，有时二者会同时在广告中出现。为了制造"震惊"效果，广告会故意让观众震惊，甚至不惜冒犯观众。这种"冒犯"通常的表现形式是，故意违背人们在社会生活中习以为常的法律制度或文化习俗。广告中违反规范的例子不可胜数，例如，在贝纳通公司（Benetton）的一则广告中，一位黑人妇女正在哺乳白人儿童；而在巴纳德儿童慈善机构（Barnardos）的广告中，一名婴儿正在被喂食有毒的烈酒；善待动物组织（PETA）在广告中使用了一只被剥了皮的动物（如图 7–5 所示）。一些人将这些图片视为增强社会意识的一种方式，而另一些人却对其怒不可遏。但无论如何，这些违反规范的广告确实得到了关注和讨论。

在一项研究中，研究人员向被试展示了五则不同的广告，广告中分别加入震惊、恐惧或单纯的信息元素。研究发现，相比其他广告，含有震惊元素的广告更能吸引被试的注意力，而且更容易被回忆起，辨识度也更高。其次是含有恐惧元素的广告，也就是说，尽管"恐惧"的效果可能不如"震惊"，但仍然会给观众留下深刻的印象。然而，为了有效地利用注意力，最好还是在广告中加入震惊元素。

图 7-5　广告示例——使用震惊元素增强受众对广告刺激的反应

关键信息点的呈现时机

　　研究发现，在信息的开头（首因效应）或结尾（近因效应）部分呈现的信息往往更容易被注意和记住。然而，这种顺序效应主要适用于信息冗长且消费者不想处理所有信息的情况。当消费者接触的信息较短或与其兴趣相符时，首因效应和近因效应的影响会大幅降低，因为他们有兴趣对整个信息进行详尽加工。

电视广告投放位置的重要性

　　另一个影响广告效果的因素是电视广告的投放位置。电视广告与所有其他类型的广告一样，需要被观众看到并记住。因此，广告商致力于让广告给观众留下最深刻的印象。然而，他们经常忽略的一点是，即使广告本身在测试时既深受喜爱，又易于回忆，但其在其他商业广告和电视节目中间播放时，效果却未必如此。消费者对他们在电视上所看到的东西的关注是有限的，而且他们越关注电视节目，就越不关注广告。研究还发现，不少人在看电视时仅仅关注具有暴力或色情性质的节目。这些发现促使布什曼（Bushman）和博纳奇（Bonacci）在2002年进行了一项测试——在暴力或色情节目之间插播的广告是否更难让人记住。在他们的研究中，三组被试分别观看正常、暴力和色情的节目，三类节目各嵌入九个相同的广告。在观看节目后，他们让被试回忆在广告中看到的品牌名称。此外，被试还必须参加一项认知测试，测试以观看幻灯片的形式进行，被试首先会看到超市货架上有四种品牌的商品，其中只有一个品牌在广告中出现过。然后，研究者不断地重复这一步骤，直到广告中的九个品牌都出现在测试中。第二天，所有被试都被要求回忆他们在广告中看到的九个品牌的名称。结果发现，这三种记忆测量方法产生了相似的结果——相比观看正常节目的被试，观看暴力或色情节目的被试记住的广告品牌更少。由此可见，广告商应该审慎考虑应将广告投放在哪种类型的节目中。2008年，弗里德（Fried）和约翰逊（Johanson）对布什曼和博纳奇的研究提出了批评，指出二人未能控制好研究中的所有变量。弗里德和约翰逊认为，在节目内容保持不变的情况下，暴力和性元素不会影响回忆效果；相反，真正有可能发挥作用的是节目的情节和有趣程度。由于目前这一领域的研究尚处早期阶段，因此对应避免的节目类型下定论还为时尚早。尽管如此，我们还是希望广告商和媒体购买方能够有所注意。

阈下广告——真实还是虚假

尽管从未有任何实质性的证据证实阈下知觉的存在，但许多与消费研究相关的教科书在讨论广告时依然对这一概念津津乐道，这一现象不免引人深思。但不管怎样，由于人们对这一研究领域的兴趣经久不衰，它也将在本书中提及。阈下信息是指无法被有意识地感知，但仍会影响人们的判断、态度以及行为的刺激。

这一切都起源于 20 世纪 50 年代末期詹姆斯·维卡里（James Vicary）的一场骗局。他用虚假的手段欺骗了全世界，让人们误信阈下广告是有效的。他声称在电影院播放电影时，荧幕上快速闪过了"吃爆米花"和"喝可口可乐"的信息，其速度之快以至于观众无法有意识地感知到它们。据说，在这段时间里，爆米花和可乐的销量显著提高。但是，维卡里所说并非事实。自维卡里得出这一结论以来，阈下信息可能起作用的想法一直吸引着许多人，继而引发了一系列研究，以期证实或反驳这一观点。

有些研究发现，受众无法看到或听到的阈下信息根本不能促使其购买更多的爆米花或可口可乐，就像自助磁带里插播的阈下信息不能真正帮助人们减少进食或停止吸烟一样。尽管这些研究完全反对那些支持阈下信息的观点，但仍有一些实验室对照研究表明阈下信息有效。在其中的一项研究中，研究人员向被试展示了一组汉字，然后让他们对自己喜欢每个汉字的程度进行评分。在此之前，研究人员还向被试分别展示了一张快乐的脸、一张愤怒的脸或一张无表情的多边形图。由于这些图片仅仅闪烁了四毫秒，因此没有被试意识到它们的出现。研究结果表明，当汉字在愤怒的表情之后出现时，最不受喜爱；在高兴的表情之后出现时，最受喜爱；在无表情的多边形之后出现时，受喜爱程度稍有下降（与高兴表情条件相比）。这些发现无疑是有趣的。但有一点需要注意：实验室研究往往缺乏生态效度，因为有些因素在实验室环境中是可控的，但在现实生活中却无法控制。在现实生活中，消费者坐的位置和方式、环境噪音的大小和周围的事物，都可能成为干扰他们受阈下知觉影响的变量。因此，消费者似乎不太可能受阈下知觉的影响。

文化差异

广告宣传往往在全球范围内进行，因此认为广告在不同的国家能以相似的方式被感知，可能会让你付出惨重的代价。不计其数的研究发现，人们对广告的反应会因文化和亚文化的差异而不同。因此，若考虑在不同的文化背景下推行广告，不妨先"试试水"，检测一下其是否可以产生预期反应。

慈善广告

在广告领域，当慈善广告呼吁资金捐助或其他帮助时，文化差异的影响就会凸显出来。有人认为，人们对慈善机构的态度取决于他们的价值观是否与其倡导的理念相一致，如果一致，广告信息就有可能得到认可。

研究人员经常比较个人主义和集体主义文化之间的差异。然而，关于这两种类型的文化是否对慈善广告有不同的反应，目前得到的证据并不一致。也许这种不一致可以用文化的其他方面来解释，比如性别。这一观点由纳尔逊（Nelson）、布鲁内尔（Brunel）、苏普海伦（Supphellen）和曼彻达（Manchanda）在 2006 年提出。他们在四个不同的国家开展了研究，这些国家都崇尚个人主义，只是在男权主义（美国和加拿大）和女权主义（丹麦和挪威）方面有所不同。被试要观看两种不同类型的慈善广告——分别利用利他主义或利己主义的动机来鼓励他们捐钱。研究结果表明，在男权主义文化中，男性偏爱利己主义，而女性偏爱利他主义；在女权主义文化中则恰恰相反，女性偏爱利己主义，而男性偏爱利他主义。纳尔逊等人的研究清楚地表明，在研究文化时，探究诸如集体主义和个人主义等宽泛的概念可能并不恰当，因为它们无法代表所调查国家所有人的价值观。

小结 》》》

广告心理学是一个复杂的主题，若想了解影响广告成功与否的因素，需要考虑诸多变量。首先，最重要的是吸引受众的注意，这可以通过使用形象生动性刺激和显著性刺激来实现。一旦完成了这项工作，消费者的参与程度——是否进行广泛而深入的思考（就像详尽可能性模型所描述的那样）——将影响其对广告信息的态度。而消费者对信息进行详尽加工的可能性又决定了广告中使用变量的类型。在可能的情况下，不妨鼓励他们使用中心路径，因其产生的态度往往更加持久，更有可能对行为的结果产生影响。此外，在广告中使用一些变量，如幽默、性、音乐、恐惧等，也会产生不错的效果。一般来说，最好不要使用阈下信息，而要确保信息有意识地呈现。并且，无论采用哪种方法来提高广告的效果，都必须考虑广告宣传所处的文化背景。

想一想 / CONSUMER PSYCHOLOGY

从杂志或报纸上选择四则广告。其中两则是你认为可以激励个体使用外周路径的广告，另两则是可以激励其使用中心路径的广告。解释你选择的理由，并举例说明广告中包含的特定因素以及受众类型。另外，你也可以就所选广告是否能够吸引受众进行最浅层或最深层的详尽加工发表自己的看法。

CHAPTER8

第 8 章

到底是什么在驱动我们冲动消费

我们为什么会受动机的支配去消费产品和服务？本章会对这一问题做出解答。本章首先介绍什么是动机，以及动机如何由三个特征组成：方向、努力和坚持；其次探讨几种特定的动机理论，包括马斯洛需求层次理论、内驱力降低理论、期望价值理论、平衡理论和唤醒理论；最后简要概述几种激励消费者动机的方法，即了解目标受众的重要性、使用积极强化手段、鼓励受众参与。

动机

长久以来,心理学家们一直在探究一个问题:人类受什么驱动?精意覃思,就消费者购买产品和服务的动机来源,心理学家们整理形成了许多不同的理论。所谓动机,即引导人们以特定方式行事的过程。动机的英文单词"Motivation"本为拉丁词汇,原义为"驱使"。因此,自然而然,关于动机的研究往往聚焦于信仰、价值观和目标如何影响消费者的行为。

动机包含以下三个特征:

- 方向:目标所在;
- 努力:为达到预期目标愿意做出的行为;
- 坚持:准备尝试和实现目标所用的时间。

这三个特征表明,应该存在做出某种特定行为的潜在需求,人们为此不断努力(动力),直到这种需求得到满足(目标)。需求触发行为,动力让个人为之付出一定的努力,以期最终实现目标。需求和目标都随着环境、与他人的互动、生活经历等因素不断地发生变化。因此,需求、动力和目标之间存在着密切的关系(如图8-1所示)。

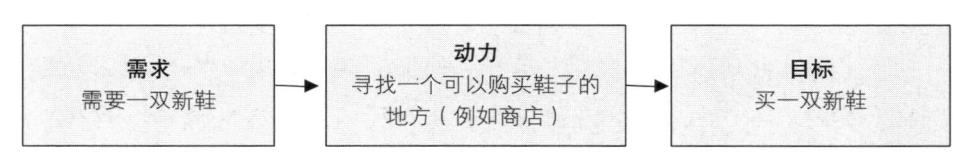

| 需求
需要一双新鞋 | → | 动力
寻找一个可以购买鞋子的地方(例如商店) | → | 目标
买一双新鞋 |

图 8-1 需求、动力和目标之间的关系

需求

当需求被唤醒时，人类会充满动力，因为他们有一种欲望亟待满足。这一规律既适用于行为过程，也适用于意识过程。需求既可以是先天的（与生俱来的），也可以是后天的（为了适应环境而习得的）。先天的需求包括对食物、水、性和衣服的需求，而后天的需求包括对情感、自尊或名誉的需求。有时，先天和后天的需求可以结合起来，比如饥饿会导致人们想吃东西，从而促使他们去寻找一个可以获得食物的地方（先天需求）。然而，选择去哪里吃东西则可能是一种后天需求。比如，一位收入丰厚的律师可能会选择去一家非常昂贵的高档餐厅吃饭，在这种情况下，他的先天和后天需求就同时得到了满足。

先天与后天的需求也与需求的其他两种定义密切相关：功利主义需求（具有实用功能利益的需求）和享乐主义需求（涉及情感反应的体验性需求）。功利主义需求通常是对先天需求的直接反应（如饿了想找东西吃），而享乐主义需求与后天需求相似，因为寻找高档餐厅可能也会带来满足感。

虽然看起来可以相当明确地将某种产品和服务归类为满足人们的功利主义需求或享乐主义需求，但是，正如前面提到的食物和餐馆的例子一样，食物（就像许多其他消耗品一样）可以同时满足这两种类型的需求。换个角度看，营养良好的人是在享乐主义需求的驱使下消费食物的，他们有可能摄入过多的热量，从而导致肥胖，这表明某种类型的需求可能会激励人们做出未必对自身有益的消费行为。这也许是因为，如果消费者不直接将两种类型的产品进行比较，那么享乐主义的产品会很容易吸引他们。

动力

不管消费者此刻有怎样的需求，他们当下的状态与其认为的理想状态之间都可能存在一定的差异。例如，你现在拥有的与你希望拥有的可能并不相同，这种差异会导致紧张和心理不适，从而使人们体验到某种程度的唤醒，这种唤醒就是动力。

欲望的驱动因素和人们如何应对欲望是动机研究的两个关键方面。因为消费者会努力降低他们正在经历的唤醒水平（参见本章后面的内驱力降低理论）。因此，人们会寻找一个恰当的目标来减少紧张情绪，一旦达成目标，紧张情绪就会减少，动机就会消失，直到出现新的紧张情绪。如果一个人感到饥饿，就可以通过进食来减轻饥饿引起的唤醒。然而，如果这个人有很多食物可选，那么此时减少饥饿引发的紧张驱力不仅受到饥饿本身的影响，还受到许多其他因素的影响，如文化或个人特征。常见因素有自尊的维持和增强、自我提高的诉求、群体归属的需要等。

目标

目标是动机行为的结果，可以定义为"个人努力想要完成的事情——即行为的目的所在"。正如需求一样，目标也可以分为多个类型，比如通用目标和特定产品目标。通用目标是消费者认为可以满足其需求的目标的一般类别。例如，一位女士可能会说她需要一个新的手提包。如果她表示只要是新的就可以，并不局限于某一特定类型，这就是一个通用目标。但如果她说自己需要一个新的古驰牌"D gold"系列的手提包，那她就是在明确提出一个特定产品目标。

事实上，对于消费者的大多数需求，都有许多不同的目标。消费者之所以关注某一特定目标，是因为受到了多种不同因素的影响，包括内在信念、过往经历、社会规范和价值观念等。但是，也许最重要的因素之一是个人如何看待自己，以及如何将目标与自己的"消费者身份"相匹配。正如第 4 章所述，消费者倾向于购买那些能表达他们身份的产品和服务，他们的目标也因此深受影响。个人特质可能会以其他方式影响目标的设定，这一点在区分两种目标的研究中有所发现，这两类目标是：（1）理想，集中体现愿望、希望和抱负；（2）使命，代表职责、责任和义务。这两种目标都会影响人们的自我调节系统。理想与促进系统（有助于调节抚育需求）相关联，使命与预防系统（有助于调节安全需求）相关联。为了达到期望目标，如购买一个新的昂贵的等离子电视机，促进系统主要依靠方法策略，如尽可能地节省开支；而预防系统则依靠避免策略，如不在午餐期间购买额外的零食。因此，从最广泛的意义上讲，目标要么以方法为导向，要么以避免为规约。所使用的目标导向类型会影响消费者如何看待向他们推销的产品。有研究发现，它还会影响消费者对广告的评价。当消费者关注理想时，他们更倾向于依靠感觉来评估广告，而那些关注使命的消费者则更多地依据事实内容。

内在动机和外在动机

目标可由内在动机也可由外在动机驱动。内在动机是指人们发自内心地渴望参与某种活动，活动本身就是回馈；外在动机则与此相反，是指人们期望通过某种活动获得奖励，如金钱或礼物。与受外在动机驱使的人相比，具有内在动机的人倾向于在更长的时间里参与自己所选择的活动。研究发现，在参加一项有趣的活动时，相较于没有报酬的被试，获得金钱奖励的被试参加活动的时间更少。马克·莱珀（Mark Lepper）、戴维·格林（David Greene）和理查德·尼斯比特（Richard Nisbett）于1973年进行的实验也得出了类似的结论。他们要求幼儿园的孩子们参加一项包含内在动机的任务，并将孩子们分成三组：第一组，被告知可能获得奖励；第二组，不会获得奖励；第三组，意外获得奖励。一周后，研究人员调查了孩子们对同一任务的兴趣，发现那些期待获得奖励的孩子几乎兴趣全无，而其他两组仍然乐在其中。

由此推定，某些特定类型的消费，如打电脑游戏，往往提供的是内在的欢乐，因此可能无法吸引偏爱外在满足感的消费者。

动机理论

多年来，心理学家提出了许多不同的动机理论。其中一些具有相似的理论基础，而另一些则不然；还有某些理论尚不成熟，缺乏经验性研究加以证明。很难确定激励人类行为的动机究竟是什么，在这方面，现有动机理论的数目之多、范围之广恰恰反映了该学科领域的复杂性。因此，我们最好先熟悉一系列动机理论，以便对动机有一个更广泛的了解。

马斯洛需求层次理论

涉及消费行为的书中往往会提到马斯洛需求层次理论，并以此例证人类的需求如何成为消费的基本动因。马斯洛于1970年提出，人类有五个不同层次的需求（如图8-2所示），这些需求必须按照规定的顺序来满足。最底层是对生存至关重要的生理需求（如对水和食物的需求）。这一层次在消费心理学中的应用不言而喻——消费者对于水和食物的消费是必不可少的。高一层次是安全需求（如在特定环境中的避难需求和对安全感的需求）。为了满足安全需求，消费者会购买一套安全的公寓或一份医疗健康保险。在此之上是归属和爱的需求。消费者可能会通过参加音乐会、去酒吧或参观博物馆等活动来表达对于归属感的需求。通过这样做，他们会感到自己是某个群体的一部分，这间接地给予了他们归属感。

再上一层是尊重需求（如尊重他人和自己）。尊重需求是人们从小就有的一种需求，即使其他需求没有得到充分满足，它也可能存在。从消费者的角度来看，人们可能会购买那些使他们与众不同的产品。通常，用于此类目的的产品具有明确的象征价值，易于他人解读。许多研究已经证实，物质财富是自我的延伸。因此，使用产品来表达自我的各个方面（如地位和财富），理论上可以提高人们的自尊心。

层次结构中最高的级别是自我实现的需求，即个人努力发挥自身潜能时产生的需求。自我实现发生于心理层面，甚至在本质上几乎是精神性的。马斯洛以下列方式描述自我实现："如果人类想最终与自我和平相处，那么，音乐家必须制作音乐，画家必须执起画笔，诗人必须恋上文字。一个人能成为什么样的人，他就

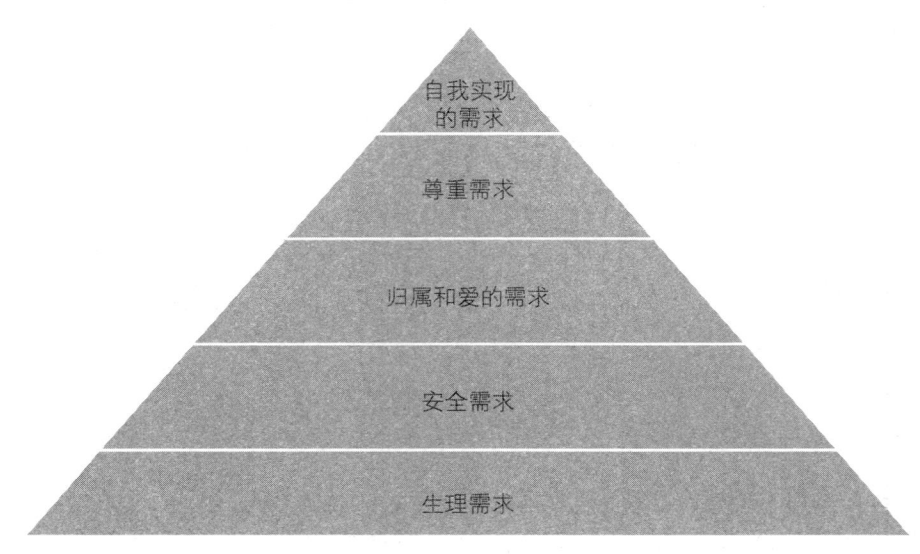

```
        自我实现
         的需求

         尊重需求

       归属和爱的需求

         安全需求

         生理需求
```

图 8-2　马斯洛需求层次结构

必须成为什么样的人。"

当该理论最初被提出时，它为我们提供了一种新奇有趣的角度来看待人类行为的动机。然而，由于马斯洛使用了现象学的研究法来阐释动机（而非使用科学的方法来描述意识经验），因此他的理论很难被验证。特别是，关于自我实现没有明确的定义，因此很难对其进行衡量。然而，一些消费者的决定似乎是由自我实现的需求驱动的，这从某些消费案例中可见一斑，比如，渴望拜访高僧以寻求内心的宁静。除非你住在他附近，否则你可能需要买一张飞机票才能见到他，从这个角度来说，购买机票就是出于自我实现的需求。

有些学者试图对马斯洛的理论进行实证检验，但却几乎找不到证据，因此，他们打算否认"人们的行为是由特定需求所驱动"这一观点。但是，即使你选择不相信需求理论，它也仍然有其效用，因为它可以区分生理需求和心理需求，这与功利主义需求和享乐主义需求相似。此外，也可将其用作衡量"消费行为的价值，即消费者的选择如何满足其存在的需求"的标尺。但是，需要指出的是，该理论在理解消费动机方面的作用有限，因为消费者不一定总是受到特定类型动机的驱动，也并不一定遵循马斯洛所提出的顺序来满足需求。

内驱力降低理论

内驱力降低理论是一种行为主义方法，可以用来解释为什么人们会产生做出某些特定行为的动机。赫尔提出，当经历令人不快的唤醒时，人们会想要减少不快的感觉。因此，他们会进行以目标为导向的行为，以实现体内平衡（减少不愉快的感觉，保持"正常"的平衡感）。例如，当你牙痛时，你会去就近的药店购买能够暂缓疼痛的药品。如果你设法找到了一种有效的药品，那么当牙又痛时，你很可能重复购买该药品。但是，如果该药品无法使你恢复体内平衡，那么购买行为就不太可能重复发生；相反，你会反复试验（尝试几种不同的药品），直到恢复平衡。

值得注意的是，内驱力降低理论无法解释所有类型的消费行为。例如，消费者可能会推迟购买食物，即使已经到了午餐时间，而且他们确实饥肠辘辘——因为他们早已安排好在当天下午晚些时候出去吃大餐。实际上，这种行为与内驱力降低理论相矛盾，因为个体没有为了减少饥饿感而寻求即时满足。

近年来，对该理论的支持很少，而且在 20 世纪 50 年代和 60 年代进行的许多实验都没有应用于消费行为。许多心理学家认为，该理论不能充分解释人们的动机，因为许多人的行为会增加而不是减少内驱力。例如，当人们肚子饿时，他们可能不会吃东西，因为他们正试图减肥，这样的行为（不会减少）反而会增加饥饿感，这与内驱力降低理论背道而驰。

期望理论

在动机理论中，"期望"通常是指一个具有认知性质的中介变量，它被理解为对客体（产品或服务）与现实世界之间关系的认识。可以把这种关系看作关注某个特定的客体，然后期望随后出现某个事件。例如，一位男性消费者购买了凌仕（Lynx）喷雾剂，那么他可能希望自己被女性认为是魅力十足的人（就像凌仕喷雾剂的广告中描述的那样）。期望理论包括自我效能感理论、期望价值理论、期望价值模型和激励理论。

自我效能感理论

班杜拉提出了一种关于动机的社会认知模型，该模型与其他期望理论一样，强调对成功的期望。他将自我效能感描述为一个人对自己组织和执行特定行动的过程，以解决某个问题或完成某项任务的能力的自信。自我效能感水平因人而异。有些人具有较强的自我效能感，有些人则没有。班杜拉的理论区分了以下两种期望。

- **结果期望**。个体相信某些行为会带来特定的结果（如购买 LV 皮包将使自己在朋友中更受欢迎）。
- **效能期望**。个体对自己是否可以有效地执行所需的行为，以产生期望结果的认知（如认为自己可以多工作几个小时，以便攒钱购买 LV 皮包）。

班杜拉提出了两种类型的期望，他想要区分与特定行为相关的预期期望和可以用来执行关键行为的高阶期望。这两种期望的不同之处在于，尽管人们可能认为某种行为会产生特定的结果（结果期望），但他们可能并不认为自己有能力执行所需的行为（效能期望）。因此，消费者的效能期望是目标设定和目标追求的持续性的主要决定因素。

期望价值理论

期望价值理论不仅对"消费者的态度如何产生"做出了解释（如第 6 章中所讨论的），而且对"期望如何激励消费者做出某些类型的行为"也进行了探讨。自 20 世纪 80 年代以来，该理论不断更新完善，从而整合了期望和价值因素。动机的期望价值理论有很多种，其中一些理论最初并非旨在解释人们为什么追求某些目标，但基本原理还是一样的。其核心思想是，对于消费者而言，只要他们认为某个目标是可以实现的，那么似乎该目标越令人满意，他们选择它的可能性就越大。消费者之所以倾向于选择某种产品而不是另一种，是因为他们希望自己选择的产品能够满足某种个人需求。

黑克豪森的期望价值模型

黑克豪森（Heckhausen）希望将多种激励方法纳入他的理论，于是他对四种不同类型的期望进行了区分：

- 情境–结果期望：在特定的情境下没有行动而获得结果的主观可能性；
- 行动–结果期望：通过行动获得结果的主观可能性；
- 情境–行动–结果期望：情境因素促进或阻碍某人的"行动–结果期望"的主观可能性；
- 结果–影响期望：与特定影响相联系的结果的主观可能性。

该模型表明，预期结果是建立期望的必要条件。在黑克豪森的模型中，结果直接源于人们自身的行动。有些结果会带来诸如"自我评价改变"之类的影响，而有些则根本不会产生任何影响。但是，其结果本身并不具有任何激励价值。价值只是简单地归因于个人行为的结果，这意味着行动的动力取决于个人行为结果附带的价值。在黑克豪森提出四种期望类型之前，大多数期望价值模型都侧重于行动–结果期望。

激励措施的使用

从期望价值理论中可以看出，某种类型的激励措施可以刺激消费者购买某些产品和服务。毫无疑问，是环境造就了人们的行为，因为环境设定了人们希望达到的目标，从而使消费者（通过广告展示或店内陈列等营销刺激）了解不同的产品和服务的意义，认识到自己对它们的期望。任何刺激，只要人们学会将其与积极或消极的结果联系在一起，就都可以成为一种激励措施——比如变得年轻、受欢迎、有钱，甚至仅仅是吃一支冰激凌。

显然，人们对那些带有积极激励的行为很感兴趣，且倾向于避免与消极或不良后果相关的行为。例如，人们在上网时可能会突然遇到弹窗广告，这类广告通常使用的就是一种与收益（金钱、食物等）相联系的刺激。由于人们认为点击广告会带来积极的结果，因此有动力去这样做。

激励措施可以是有形的也可以是无形的。有形激励包括物质奖励或某种形式的公众认可，而无形激励则是一种内在的激励，比如自我感觉良好。

平衡理论

平衡理论是一种认知一致性理论，它探究的是"不一致的态度如何使人们被说服"。该理论由海德（Heider）在1946年提出，并由卡特赖特（Cartwright）和哈拉里（Harary）在1956年进行了修正。他们认为人们对他人、物体、观念或事件都持有某种态度（情感关系），并与它们紧密相联（单元关系）。这些关系的组合方式决定它们是否平衡。这种平衡可以被看作一个三角组合，每个角代表一种要素：主体（p）、态度对象（o，如朋友或名人）、刺激（x，如产品、事件或服务）。若这一组合不平衡，人们就会感到紧张，从而被驱动减轻其正在经历的紧张感。当三角组合中的一个要素与其他两个要素相对立时，就会出现不平衡。例如，丽莎喜欢买手提包，而保罗对手提包不大喜欢。但是保罗真心喜欢丽莎，很重视他们之间的关系。因此，这一结构就处于不平衡状态。然而，如果保罗改变他对手提包的态度，这一结构即可达到平衡。另一种恢复三角平衡的方法是否认两个要素之间存在关联。例如，假设p是你，o是大卫·贝克汉姆，x是警察牌太阳镜。那么，如果你很喜欢大卫·贝克汉姆（p喜欢o），大卫·贝克汉姆喜欢警察牌太阳镜（o喜欢x），而你不喜欢警察牌太阳镜（p不喜欢x），就会出现不平衡。在这一情况下，若想通过否认关联的方式处理此问题，就要弄清楚大卫·贝克汉姆喜欢警察牌太阳镜的原因，比方说，也许他喜欢它只是因为能够从中得到代言费。那么，你便可以将你喜欢的大卫·贝克汉姆和拿广告代言费的大卫·贝克汉姆区分开，以打破这种不平衡。

平衡的三角组合是一个由奇数个正向关系构成的组合；正向关系可以通过多种形式出现，它们通常更容易辨别，也更令人愉快。在两个人和一个产品之间存在四种不平衡和四种平衡的关系组合（如图8-3所示）。

虽然人们不经常讨论平衡理论，但它在解释如何通过广告和营销信息来说服消费者方面仍有价值。这尤其适用于名人代言的广告。在这种情况下，营销者希望你作为消费者（p）喜欢代言产品的名人（o），从而喜欢他们代言的产品（x，因为o喜欢x）。这一关系驱动观众对x形成积极的态度，这样一来，三角组合就平衡了。然而，还要注意，如果人们对某一特定要素（如大卫·贝克汉姆对警察牌太阳镜）有强烈的感情，那他们可能不会被"心爱"的人说服，因为他们会选择否认这两个要素之间存在真正的关联。

唤醒理论

动机的唤醒理论与赫尔的内驱力降低理论相似，它认为，人类在动力的驱使下，使自身保持一定水平的唤醒状态，以便感到舒适。但它又不同于内驱力降低理论，因其并不依赖于紧张感的减弱。相反，唤醒理论认为，适度的唤醒水平是人们保持动力的必要条件。因此，唤醒本身可以被视为一种激励。如果人们处于过低的唤醒水平，便会无所事事、缺乏动力；但如果他们的唤醒水平过高，又会疲惫不堪、不堪重负。适度的唤醒水平因人而异。行为的动机被积极和消极的强化物共同激发，以保持某种水平的唤醒状态。有些人比其他人更偏爱"寻求感官刺激"，因为他们更喜欢高唤醒水平。这些人愿意去冒险，以达到他们喜欢的唤醒水平，因此专家认为他们更有可能参与诸如跳伞、摩托车比赛以及花样滑雪等运动。还有一些人喜欢较低的唤醒水平，但为了避免唤醒水平过低（这会导致无

平衡的三角组合

你（p）喜欢奥利警牌太阳镜（x）
大卫·贝克汉姆（o）喜欢警察牌太阳镜
你喜欢大卫·贝克汉姆

你（p）不喜欢普拉达手提包（x）
普拉达手提包很丑
你喜欢奥斯卡

你（p）喜欢苹果手机（x）
奥斯卡（o）认为苹果手机名不符实
你不喜欢奥斯卡

你（p）不喜欢星巴克咖啡（x）
奥斯卡（o）很喜欢星巴克咖啡
你不喜欢奥斯卡

不平衡的三角组合

你（p）喜欢奥斯卡（o）
你不喜欢索尼游戏机（x）
奥斯卡很喜欢索尼游戏机

你（p）不喜欢奥斯卡（o）
你很喜欢苹果手机（x）
奥斯卡很喜欢苹果手机

你（p）爱奥斯卡（o）
你喜欢阿迪达斯运动鞋（x）
奥斯卡不喜欢阿迪达斯运动鞋

你（p）不喜欢奥斯卡（o）
你不喜欢阿迪达斯运动鞋（x）
奥斯卡不喜欢阿迪达斯运动鞋

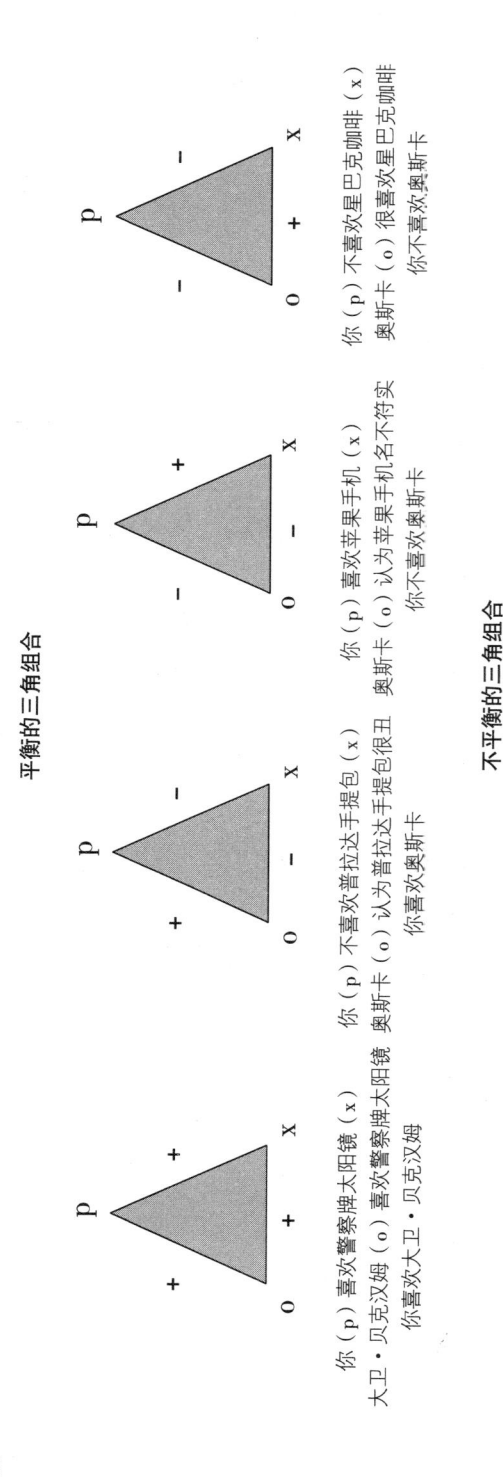

平衡三角组合中的关联一致，不平衡三角组合中的关联不一致

图 8-3　平衡理论下的三角组合案例

聊），他们可能会通过购买不同类型的产品来改变周围的事物。

这种基于生物学的动机理论并不能解释所有类型的动机行为。对于人们思考的方式，还没有一种合理的解释，因此很难明晰人们行为的差异，比如，（不管有多少可支配收入）为什么有些人会从折扣商店购买他们所需的衣服，而另一些人却只购买非常昂贵的时装。因此，除了生物因素外，一定还有其他潜在的动因在激励着不同的消费者。

如何激励消费者

为了激励消费者购买产品和服务，可以采用许多不同的策略。然而，究竟怎样才能更好地激励消费者呢？对此并没有一个明确的答案。相反，重要的是要考虑消费者是谁，他们何时消费以及消费什么，以便更好地了解可以用来激励他们消费某些产品和服务的因素。

研究目标受众

毫无疑问，不同类型的人会被不同类型的事物所激励，这就是为什么作为一名营销者，必须全面研究什么能够让特定的受众"画上满意的对号"。若想确定某些营销策略是否有效，一种方法是更仔细地观察其所应用的文化背景。文化的重要性现已得到广泛认可，并被描述为"人们观察营销信息的镜头"。每一种文化或亚文化都有一套核心价值观，并在其成员之间相互传递。正是这种共享的价值观最终影响了人们感知产品和营销信息的方式。价值观可以被定义为"对重要或有价值的事物的认知观念"。从本质上看，价值观具有普遍性，它并非仅适用于特定情况，这一点与态度不同。

每一种文化都有一套核心价值观，并在其成员之间相互传递。所有的价值观都是通过社会化媒介学习的，比如朋友、老师和父母等。有些价值观是大多数文化所共有的，比如对身体健康和世界和平的美好愿望。就普遍的价值观而言，不同类型文化之间的区别在于它们如何对价值观进行排序。这种排序相当于一种文化的价值体系。然而，不同类型的文化和亚文化也有非普遍的价值观。因此，必须明确目标受众是谁，以便更深入地研究目标文化的核心价值观。当然，如果销售市场同时包含几种不同类型的文化，那么确定它们所共享的价值观类型将大有裨益。研究或学习其他文化的价值体系被称为"文化适应"。

积极强化法

研究多次发现，对人们的行为实施积极强化是提高其再次发生的可能性的有效方法（如第 2 章所述）。因此，当消费者已经在使用营销者希望推广的产品或服务时，这种方法最适用。积极强化一个人的行为意味着对他刚刚所做的事情给予奖励（参见表 8–1）。因此，如果你希望消费者再次购买特定的产品，那你可以给他们打折、赠送额外的样品，或者在会员卡上额外奖励积分。

表 8–1　　　　　　　　　　　积极强化法

行为	结果	行为改变
一个女孩吃了巧克力棒	巧克力棒的味道很好	因此，这个女孩很可能会再次购买巧克力棒
一个人购买了一箱酒	他还可以免费得到两瓶酒	因此，此人很有可能再次购买这种酒
一位二胎妈妈从超市购买了两包尿布	由于购买尿布，她的会员卡上多了 100 积分	因此，她很可能再次在这家超市购买这款尿布

奖励可以分为一级强化和二级强化。一级强化给予实实在在的好处（产品），二级强化不直接给好处，而是给予其他有用的东西（如代金券和优惠券）。当使用二级强化时，消费者的满足感被延迟了。比如，消费者在收到代金券后，自然要择日再来消费。由于在收到代金券与兑换代金券之间有一定的时间延迟，因此促销的成功率就会有所降低。随着时间的推移，二级强化的价值开始显现，因为消费者知道它可以转化为一级强化物（产品），但它仍不如一级强化有效。鉴于这

一点，最好还是直接使用一级强化，为消费者提供即时强化和满足感（如买一赠一），因为它们更有可能激励消费者购买及重复购买某种产品。

鼓励参与

消费者对产品的参与程度也会激励他们进行购买。"参与"可定义为个体基于需求、价值观和兴趣对某一事物（如产品、品牌、广告，甚至购买情境）的感知。参与是一种动机性成分，因此可以被许多不同的前提因素激活（如图 8-4 所示）。消费者的参与程度可以从漠不关心到热情高涨不等。他们的热情越高，购买产品或服务的动机就越强。参与的持续性（持续时间）也会影响动机，因为具有专业兴趣的消费者（如葡萄酒鉴赏家或滑雪爱好者）比那些暂时对同一活动表现出兴趣的消费者更有可能被激励进行相关消费。当消费者对消费活动表现出暂时的兴趣时，他们很可能会随着情境的变化而改变，这就是所谓的"情境参与"。因此，如果消费者对某一产品类别的参与程度不高，反而更容易激发他们的兴趣。

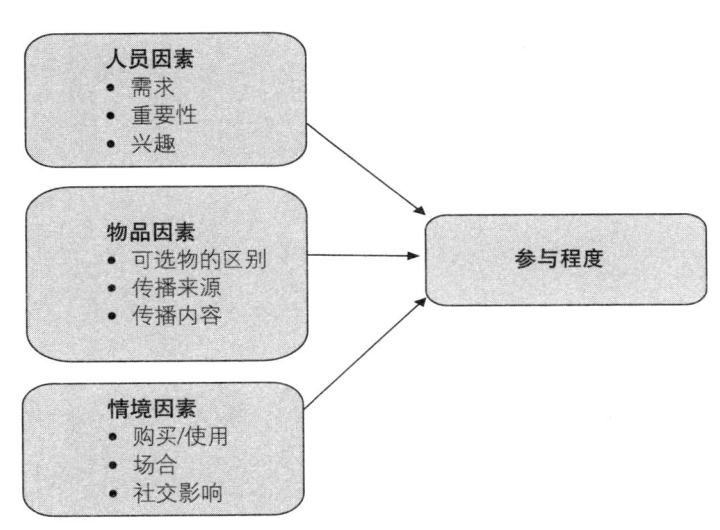

人员因素
- 需求
- 重要性
- 兴趣

物品因素
- 可选物的区别
- 传播来源
- 传播内容

情境因素
- 购买/使用
- 场合
- 社交影响

→ **参与程度**

参与程度可能受到其中一个、两个或三个因素的共同影响

图 8-4　影响参与的因素的概念框架

至于如何操纵消费者，不妨将详尽可能性模型（ELM）（在第 7 章中论及）作为框架，使其更多地参与进来。该模型表示，广告产品与个体的相关性是可控的，而且可以反过来引导个体对于产品的参与。此外，该模型还概述了限制消费者参与水平的因素，如信息加工时机（受分心程度影响）和信息加工能力（受熟悉程度影响）。

小结 》》》

动机是一个过程，引导人们做出某一特定行为。消费者的需求触发了其对特定行为的参与，而动机则决定了他们为达到期望的结果（目标）而付出的努力程度。目标既可以是内在的，也可以是外在的。

动机理论有很多，主要包括马斯洛需求层次理论、内驱力降低理论、期望理论（如自我效能理论和期望价值理论）和平衡理论。在解释为什么消费者会做出特定的消费活动时，这些理论提供了略有不同的研究方法，可用来确定令消费者满意的因素。当试图激励消费者时，重要的是确定目标受众在生活中的价值观。每一种文化和亚文化都有一套共同的核心价值观，一旦目标受众的价值观得以确定，就可以利用积极强化等简单的手段来激励他们的购买行为。还有一种方法是在营销活动中利用核心价值观来提高目标受众的产品参与度。

想一想 / CONSUMER PSYCHOLOGY

1. 消费者更可能被内在目标还是外在目标所激励？
2. 根据马斯洛需求层次理论，玩具应被划分为哪一层次？

3. 为什么消费者会产生消费产品或服务的动机，你认为哪种动机理论能够最好地解释这一点？

4. 从本质上看，使用激励措施与对消费行为进行积极强化是一回事吗？

5. 为什么了解受众的文化价值观很重要？

CHAPTER 9

第 9 章

品牌超爱的"死忠粉"是如何炼成的

本章首先解释消费者如何利用不同类型的启发法来决定应该购买何种产品和品牌,尤其是预测性启发法、说服性启发法和选择性启发法。其次探讨消费者是否有能力做出理性的决定(充分考虑启发法、受众情感和参与程度的影响),以及如何根据特定属性做出决定。最后简要概述品牌忠诚的含义,并阐释为什么有些人选择重复购买同一品牌的产品。

消费者决策

消费者使用的所有产品或服务都要经历决策过程。对于某种产品，有时消费者只使用一次，而有时他们会重复使用。"产品或品牌的反复使用"是消费者忠诚的标志。大多数制造商都致力于实现"品牌忠诚"这一目标，为此他们必须了解消费者是如何做出决策的，以及哪些因素可以提高持续性重复购买的可能性。

大多数营销者和制造商都希望消费者能够根据所得到的信息做出可靠的决策。然而，消费者的决策过程远非如此简单。除了他们所面对的信息，还有许多因素在发挥作用，包括产品的展示环境、消费者的生活方式、文化背景、同伴压力、参与程度、情绪状态、社会阶层、选择数量、店内刺激和主观态度等。尽管影响消费者决策的因素众多，但大多数决策都是基于少数几种因素做出的。这是因为消费者若是将所有与待购产品有关的信息都考虑在内的话，无疑会极其费时、费力，所以为了避免让自己陷入这种困境，消费者会依靠启发法来帮助决策。

启发法

通常情况下，关于特定产品或服务的信息，消费者只需考虑其中一小部分可用的即可，而不必关注和处理所有信息。当然，处理所有信息的情况也很少出现，因为消费者的处理能力非常有限。即使仅仅是其中一小部分信息，他们往往也没有足够的时间去处理。因此，消费者在面对众多产品信息时，会在启发法的指导下不自觉地选择一些更重要的信息。

启发法是人们下意识地用来减少决策过程中所遇困难的经验法则，这样他们就不会感到精神疲惫。由于人类的思维能力有限，启发法使我们能够通过应用简单的推理方法来处理复杂的问题。当消费者对那些必须选择的产品或服务缺乏真正的兴趣，或者没有能力使用复杂、费神的决策策略时，他们通常会使用启发法。

启发法也存在缺陷，它并不总能帮助消费者做出正确的决定，反而经常导致错误和偏见。例如，一位消费者碰巧有一个朋友在使用某一特定产品时遇到了问题，那么他可能会得出这样的结论：该产品不太可靠。在这种情况下，消费者只根据某个人提供的信息来做出决定，而忽略了该产品一贯的优良记录，可能会错过一款完全适合其需求的产品。运用启发法可以简化决策过程，因为消费者通常只需根据一个特定的信息片段来做决定。

为了了解消费者的决策过程，可以使用四种有效的启发法：预测性启发法、说服性启发法、顺应性启发法和选择性启发法。理解启发法如何影响决策过程至关重要。通过了解它们的工作原理，商家有可能改变消费信息的呈现方式，从而使消费者做出有利于特定产品或服务的决定。

预测性启发法

特沃斯基（Tversky）和克赫曼（Kahneman）发现了四种对决策至关重要的预测性启发法（参见表 9-1）：代表式启发法、可得式启发法、模拟式启发法和锚定-调整式启发法。这四种启发法最常应用于消费者试图预测结果的决策。在对产品和服务做出判断和决定时，预测结果的能力很重要。因此，当消费者试图回答"五年后我还会想把钱投在同一个投资计划上吗"或"这张新沙发能用多久"这样的问题时，他们可能会使用预测性启发法。

代表式启发法是指"个体根据不确定事件与典型案例的相似程度直接推断结果，而不考虑此事件出现的真实概率及其他原因"。特沃斯基和克赫曼向被试提出的问题凸显了代表式启发法的内涵。他们向被试简要描述了一位名叫琳达的女士，她曾是

表 9–1　　　　　　　　　　　　　　预测性启发法

代表式启发法	根据一个事物与另一个事物的相似程度对其进行判断
可得式启发法	假定记忆中容易浮现的事件更有可能在未来频繁发生
模拟式启发法	基于一系列事件可以想象的容易程度进行预测
锚定–调整式启发法	形成一个最初判断（锚），然后根据进一步的证据向积极或消极的方向调整这一判断

一名哲学专业的学生，倡导社会的公平正义。然后，被试需要根据八种陈述的可能性大小对其进行排序。结果显示，琳达成为银行出纳员的可能性低于同时成为银行出纳员和女权主义者的可能性，但是鉴于银行出纳员这一类别本就包括了所有信奉女权主义的银行出纳员，因此这种排序是不正确的。该实验表明，被试仅根据陈述内容与对琳达的描述的相似程度进行的可能性排序，忽略了概率的基本原理。

消费者在评估产品时也会使用这一启发法。例如，某一消费者可能正在处理关于一种新型音乐播放器的信息，这种新型音乐播放器具备很多传统 CD 播放器没有的功能。在这种情况下，消费者可能会观察一下这款音乐播放器，如果认为它的外观与传统 CD 播放器相似，并因此将其视为传统 CD 播放器的新版本，那显然会对新产品的发布产生不利影响。

可得式启发法涉及对概率或频率的判断，这些概率或频率受到相关信息容易被想到的程度的影响。可得式启发法对消费者大有裨益，有时可以防止他们做出不利的决定。举例来说，如果消费者可以轻易地记起他在一家商店买冰激凌和果酱时，好几次都发现同样的商品在别家更便宜，那么他就会认为这家商店的所有商品可能都比其他商店的贵。因此，他很可能决定以后去其他商店购物。

然而，可得式启发法有时并不能帮助消费者决策。这是因为消费者倾向于利用最容易获得的信息做出决策，而不管它是否最为相关。例如，媒体经常关注那些它们认为最耸人听闻和最吸引受众兴趣的故事。因此，飞机失事的报道铺天盖地，而日常车祸却很少被提及。这样一来，大多数人都更容易记住飞机失事，从而导致更多人害怕坐飞机，尽管事实上车祸的发生率更高。

人们更容易受到记忆中首先浮现的事物的影响，这一结论得到了一项研究的证实。在这项研究中，被试被要求先想出以 R 开头的单词，然后再想出第三个字母是 R 的单词。结果显示，即使第三个字母是 R 的单词更多，被试也还是更容易想出以 R 开头的单词。

遗憾的是，消费者可能被那些最容易浮现在脑海中的事物误导，从而无法做出最有利的决定，即他们本可以避免驾车出行，而是愉快地乘坐飞机。

很难确切地了解消费者会得到何种信息，以及这些信息如何影响决策过程，特别是当这些信息纯粹基于个人经验时。在这种情况下，营销者或制造商就没有办法对此采取任何行动。但是，如果消费者得到的信息与公众舆论或媒体报道相关联，那么后者就有可能向他们提供额外的信息，从而影响他们所做的决定。

尽管关于启发法的研究发现，更容易浮现在脑海中的信息可以指导决策过程，但这并不是说消费者会直接根据自己的想法采取行动，实际过程要更为复杂。这一点已经得到了研究的证实，即消费者至少要在记住产品的几个积极特征之后，才会更好地看待它。

模拟式启发法与可得式启发法相似，就像记忆中容易浮现的信息更有可能影响决策一样，那些容易想象（或模拟）的信息也更有可能产生影响。因此，如果消费者能够想象某件事的发生，他们会相信它更有可能发生。格雷戈里（Gregory）、西奥迪尼（Cialdini）和卡彭特（Carpenter）于 1982 年进行的一系列实验证实了这一点。他们要求被试想象一些特定的情景，比如购买有线电视服务，或者赢得一场比赛。在想象阶段之后，研究人员对被试进行了测试，看他们是否认为这些情景可能会发生在自己身上。结果发现，被试认为特定事件发生的概率有所提高。此外，研究者还进行了一项追踪调查，发现一些曾想象购买有线电视的被试在实验后确实购买了有线电视。在想象某一事件的发生后，人们会认为该事件更有可能发生，这一观点也适用于其他事件，例如想象你支持的球队会赢。无论如何，这只在事件相对容易想象的情况下才起作用，如果一个人无法想象某个事件，那么自然就不会认为它会在现实生活中发生。

锚定－调整式启发法是另一种关键的启发法，决策者通过这种启发法首先形成一个初始判断（锚），然后再调整该判断。大多数时候，消费者的最终判断都接近于最初的锚点，这意味着很难改变他们对产品或服务的第一印象。这一理论在研究中得以证实：房地产经纪人在看房子之前，要先看高、中、低三种价目表。随后，房地产经纪人被允许检查房子，并为房子估价。研究人员发现，大多数经纪人对房子的估价与之前看到的价目表上的价格很接近。

鉴于房地产经纪人应该比"外行"对房子的估价更准确，这项研究也表明了专家也会使用锚定－调整式启发法。

说服性启发法

关于态度改变和说服效力的研究表明，消费者要么走捷径以便快速地处理信息，要么对信息进行深入的思考和加工。说服性启发法源于此类研究（参见表9–2）。关于在说服过程中信息处理差异的详细说明，请参阅第 7 章。

表 9–2	说服性启发法
"长度代表力量"启发法	包含大量事实论据和数字论据的长信息表明广告推广的是高质量产品
"喜欢与一致"启发法	人们往往会赞同自己喜欢的人的意见
"共识代表正确"启发法	多数人的意见通常被认为是合理的

当消费者采取捷径处理说服性信息时，他们往往依赖于经验和观察。也就是说，对于遇到的信息，当消费者详尽处理的动机较低时，他们可以利用先前的经验来避免精神上的疲劳。这就是为什么消费者可能会得出这样的结论：如果广告中出现大量的事实论据和数字论据，就表示宣传的产品质量很好。这就是众所周

知的"长度代表力量"启发法。同样，在试图说服消费者时使用的语速也体现了这一原理。快语速会抑制受众对呈现论点的处理，也会向其发出信号，表示这是一则可信的消息。

"喜欢与一致"启发法和"共识代表正确"启发法也应用了各种表面线索。"喜欢与一致"启发法是指消费者更有可能赞同他们喜欢的人的意见。"共识代表正确"启发法是指消费者相信多数人的意见一定是正确的。例如，如果消费者听到或读到某特定品牌被某杂志的大多数读者投票选为最可靠的品牌，那么他们就更有可能被说服。

顺应性启发法

在众多启发法中，有六种启发法可以使人们更有可能遵从请求（见表9–3）。这六种启发法在本质上截然不同，可以应用于不同类型的消费场景。"承诺与一致性"启发法是指一旦人们对某个请求做出承诺，即使请求的性质发生了变化，他们也还是倾向于坚持履行承诺（保持一致性）。

表9–3　　　　　　　　　　顺应性启发法

"承诺与一致性"启发法	一旦人们对某个请求做出承诺，就会倾向于坚持履行承诺
互惠式启发法	在不请求人们的情形下，说服他们自动做出回馈
稀缺式启发法	消费者往往想要别人无法拥有的东西
社会认同式启发法	当消费者认为有很多人使用过某种产品或服务时，就会产生潜在的同侪压力，迫使其顺应消费请求
喜欢式启发法	人们更容易顺应喜欢的人提出的请求
权威式启发法	人们会遵从来自权威人士的庄重请求

互惠式启发法是指说服人们在没有被要求的情况下自动地做出回馈。例如，如果售货员送给消费者一个免费的样品，那后者就更有可能做出购买行为来回报这个好处。

稀缺式启发法在广告宣传中颇有用处。由于消费者想要拥有一些大多数人无法拥有的东西，因此不妨使用"限时提供"之类的语句。

社会认同式启发法也有助于人们顺应请求，它也被称为"数字证明原理"。它指的是，当消费者认为很多人都做了某事时，他们往往会感受到很大的压力，从而不得不顺应。例如，广告商可能会试图制造一种"成千上万的人已经购买了这一产品"的现象，从而向其他消费者施加压力，迫使他们也这样做。这是筹款人常用的一种手段，因为众所周知，当人们看到捐款的人数众多时，他们也会向慈善机构捐款。

喜欢式启发法指的是这样一个简单的事实：当人们喜欢某个人时，他们更有可能顺应其请求。此外，人们倾向于遵从来自"权威人士"的请求，这就是所谓的权威式启发法。广告商通常会在广告中呈现一个穿白大褂的人——一个"科学专家"的形象，以期人们顺应消费请求。

选择性启发法

当消费者极不情愿对产品信息进行进一步加工处理时，不管是由于能力有限还是缺乏动机，他们都会倾向于使用选择性启发法来进行决策（参见表9-4）。这在购买牙膏或卫生纸等日常用品时尤为常见。

表9-4　选择性启发法

词典编辑式启发法	让消费者根据当时认为最重要的属性来选择品牌
按属性排除式启发法	当具有最重要属性的产品不止一种时，消费者使用循环过程来排除不具有所需特性的产品
加差式启发法	在比较两个品牌之间的差异时，通过重要性来衡量差异，然后将衡量后的差异相加
合取式启发法和析取式启发法	合取式启发法是指为目标品牌的属性设置一个可接受的最低界限 析取式启发法是指为目标品牌的属性设置一个略高于最低界限的阈值

词典编辑式启发法引导消费者根据他们认为最重要的某个属性来选择产品。对一些消费者来说，这一重要属性可能是价格、颜色或安全性，而另一些人可能会直接选择最便宜的品牌。

然而，有时消费者认为具有最重要属性的产品不止一种，在这种情况下，他们会使用按属性排除式启发法来选择购买哪种产品。消费者会采用一个循环过程，首先剔除不具备最重要属性的产品，然后在那些具备最重要属性的产品中继续寻找次重要的属性。如果具有次重要属性的产品不止一种，那么这个循环过程就会不断重复，直到发现一种符合所有选择属性的产品。

如果消费者在两个不同的品牌中做选择，他们可能会比较两者之间的差异。在这种情况下，可以使用加差式启发法，即通过重要性来衡量差异，然后将衡量后的差异相加。如果某一品牌的洗涤液价格昂贵但非常有效，那么价格就不如有效性重要。

当消费者用于决策的时间不充裕时，经常会使用所谓的合取式启发法和析取式启发法。在时间紧迫的情况下，你通常会认为看到的第一个可接受的品牌就足够好，值得购买。合取式启发法引导消费者为正在寻找的品牌特征设置一个可接受的下限。而析取式启发法在消费者满意的基础上，为期望的品牌特征设置一个略高于下限的阈值。

消费者的决策是否理性

从启发法对决策的影响来看，消费者似乎缺少理性。然而，不同领域的研究表明，不能简单地评价消费者理性与否。例如，提高消费者对产品的熟悉度可能有助于决策过程，减少其对启发法的依赖，使其成为更理性的决策者。

许多研究对"消费者是否理性或是否能够理性"进行了调研，结果表明，消费者有时试图使用客观的推理，有时诉诸非逻辑性的决策。这一结论从赫斯

（Hsee）的两项研究中可见一斑。在其中一项研究中，赫斯表明人们并不总是做出理性的决定。他让被试在两种巧克力中做出选择，一种形似蟑螂（体积较大，价值2美元），另一种形似爱心（体积较小，价值50美分）。赫斯之所以选择蟑螂形状的巧克力做测试，是因为大多数人一看到蟑螂就会不开心，这样可以引起被试的厌恶感。然而，研究表明并非如此。实际结果是，大多数被试（64%）选择了蟑螂形巧克力。那么，为什么大多数人明明不喜欢蟑螂形巧克力的外观，却仍然选择了那款巧克力呢？一种解释是，被试觉得他们必须克制自己对蟑螂的厌恶情绪，因为他们觉得基于情绪做出的决定是不理智的。由于被蟑螂形状的东西吓跑似乎并不现实，因此无论这种感觉有多么强烈，被试都无法说服自己选择心形巧克力。或许人们可能并不在意巧克力的外观，不管什么样子的巧克力都愿意食用。

在之后的研究中，赫斯对所谓的"外行科学主义"进行了实验。这一次，他让被试在两种立体声系统中进行选择。其中一个系统被描述为功率更强大，另一个被描述为音色更丰富。一半的被试被告知对功率的评级是客观的定量评级，而另一半则被告知对音色的评定是客观的定量评级。随后发现，被试基本上都选择了具有所描述的"客观"特征的系统，这表明人们愿意根据他们认为的"理性"而不是主观评价进行选择。

情感的作用

我们的情感在决策中发挥作用的方式，也有助于解释为什么消费者并不总是理性的。研究发现，决策和判断会受到经验性或现象性输入信息的影响。特别是情感，不仅可以作为信息的来源（如"我因为它感到高兴，因此我一定喜欢它"），还可以转化思维过程中的元认知信息（如"我很难想出关于这一主题的例子，因此我对这一主题知之甚少"）。

在决策过程中，将感觉作为信息的来源可能会误导消费者。一般来说，愉快的感觉被视为人们喜欢某种事物的证据，而不愉快的感觉则被视为不喜欢的证据。

但是只有当消费者百分之百确信这种情绪是遇到某种特定刺激而产生的直接后果时，这样的解释才是正确的。然而，我们情绪的真正来源可能并不是目前正在评估的产品或服务，而是其他完全不相关的因素，比如阳光明媚的好天气，或者听到了最喜爱的歌曲。在这种情况下，把感觉作为信息来源会误导我们做出不准确的决定。

高参与度

如前文所述，消费者在对产品和服务不是特别感兴趣或者时间紧迫时，倾向于运用启发法。在这种低参与度的情况下，他们可能被品牌名称等"表面"属性所吸引。然而，当消费者高度参与某类产品或品牌时，启发法的运用就会随之减少，此时，他们更有可能进一步展开由数据驱动的判断过程，这意味着他们正在做出更理性的决定，其实，只要有适当的能力和机会，他们就会这样做。当消费者深入思考所面对的信息时，就会产生支持论据、反对论据或其他看起来合理的认知反应。因此，如果营销者希望目标受众做出理性的决定，就应该使用那些能够鼓励其对信息进行详尽加工的方法。

基于属性的决策

消费者的决策往往受到直接比较产品的特定属性或特征的影响。但是，只有当这些属性或特征被记在脑海中或者当产品摆在眼前时，消费者才能对其进行比较。可得性–诊断性模型有助于理解消费者做决策时可能使用的信息类型。

可得性–诊断性模型

可得性–诊断性模型可以帮助我们理解为什么某些消费信息更容易在记忆中浮现，以及如何利用诊断法对产品做出判断。简而言之，该模型认为，在任何特定的时间，不同类型的显著性刺激都可以影响闪现在脑海中的信息类型。

这一基于认知的模型起源于社会认知领域的研究，该研究认为，在对刺激做出判断时，暂时激活的认知信息更有影响力。

该模型的可得性是指从记忆中检索某一信息的难易程度，它完全取决于记忆中该信息的出现频率、近因效应和激活状态。当刺激极其显著生动，或者当消费者对其进行了详尽加工时，可得性就会提高。通常，负面信息或最近做出的行为更容易被记起，这解释了消费者参照的信息是如何被扭曲的。负面信息不仅更显著，而且具有诊断性，因为它表明一种特性（如低质量）的影响力可以超越其他特性。诊断性与感知相关性有关，并且随着两个变量之间感知相关性的提高而提高。因此，它在很大程度上受消费者的知识水平以及消费情境的影响。例如，一个消费者正在考虑从三个品牌的金枪鱼罐头中做出选择，如果它们的大小都一样，那么体积不具有相关性（非诊断性），不会成为决策的一个要点。然而，如果三者大小差别很大，那么它们的体积就具有相关性（诊断性），应作为一个特征被纳入决策过程中加以考虑。

框架效应

决策过程会受到许多不同因素的影响，为了进一步说明其复杂性，还需对"环境变量如何影响消费选择"进行阐释。

信息嵌入环境的方式也会影响决策，这就是所谓的"框架效应"。这是因为人们产生的感知与一个框架一致，而这个框架直接受到特定环境中特定信息的影响。因此，通过改变参照点可以改变消费者的偏好，这一点已经从对"不确定性下决策"的研究中得到证实，示例参见表9-5。想象你的国家正准备对付一种罕见的疾病，预计该疾病将导致600人死亡。现有四种与疾病做斗争的方案可供选择，下面是对各方案所产生后果的估算。

一般情况下，负面框架会引发较大的风险反应，而正面框架会引发较小的风险反应。大多数人会选择A或D，尽管事实上这种选择是矛盾的，因为实际上A等于C，B等于D。

表 9–5　　　　　　　　　　　　框架效应示例

正面框架	负面框架
如果采用 A 方案，将有 200 人生还	如果采用 C 方案，将有 400 人死亡
如果采用 B 方案，有 1/3 的概率 600 人能生还，而有 2/3 的概率无人生还	如果采用 D 方案，有 1/3 的概率无死亡，而有 2/3 的概率会有 600 人会死亡

从对产品的描述方式中可以看出框架效应如何对消费者产生影响。在一项研究中，牛肉被描述为 75% 都是瘦肉，而不是 25% 都是肥肉。结果发现，这种情况下消费者对牛肉的评价更高。然而，当消费者被允许对产品进行样品检验时，这一影响就降低了。

老年人在运用启发法对信息进行加工时，更容易受到框架效应的影响。鉴于老年人的认知资源有限，更倾向于使用情感或经验进行决策，即凭借直觉进行自动、迅速的决策，他们可能会更依赖启发法，以便为更重要的任务节省精力。这样的话，他们在购物环境中就更容易受到框架效应的影响。考虑到老年消费者因年龄产生的神经心理变化导致他们往往无法进行有意识的决策，他们受到框架效应的影响也就不难理解了。

框架效应也会影响人们感知产品价格的方式。吉姆斯（Kimes）和维尔茨（Wirtz）在研究高尔夫球手对球场收费的看法时，证明了这一点。球手们认为，球场在黄金时段正常收费，而在其他时段降价 20% 是公平的。然而，如果球场在黄金时段将价格提高 20%，而在其他时段正常收费就很不公平。这一研究表明，价格可以在决策过程中发挥重要作用。价格除了用来衡量质量外，还有别的意义，比如商家可以提前设置好价格，以便消费者在实际消费时容易想起。

品牌忠诚

我们现已了解决策过程往往很复杂，那么为什么一些消费者会重复购买某一特定产品或品牌呢？这不禁引人深思。消费者出于偏好而反复购买同一品牌被称为"品牌忠诚"。人们有一个"首选"的品牌，而且在很长一段时间内，甚至一生中一直喜欢这个品牌，这是很正常的。特定品牌的制造商希望消费者偏爱他们的品牌，从而形成"品牌忠诚"。一旦拥有对品牌忠诚的客户群，制造商就可以更容易地创造新的品牌延伸品，因为研究已经发现，良好的品牌联想会让消费者爱屋及乌。

需要注意的是，品牌忠诚不同于惰性。惰性是指仅仅因为需要付出的努力较少而重复购买某一品牌，在这种情况下，如果消费者发现购买另一种产品（无论出于何种原因）更加便利，他们便会毫不犹豫地"移情别恋"。但是，如果消费者真正忠诚于某一品牌，这种转变就很少会发生，因为此时的重复购买是一种有意识的决定。

品牌对消费者很重要，它可以给消费者带来更愉快的购物体验，这可以从一项对饮料进行口味测试的研究中明显看出。在这项研究中，只有当消费者知道他们喝的是哪种饮料时，巴黎水才会比老式的苏打水更受青睐。其他的口味测试表明，可口可乐只有装在带有品牌标志的杯子里时，才会成为人们的最爱；如果看不到啤酒瓶上的品牌标志，人们对某一特定啤酒品牌的喜爱也会消失。

品牌联想

对品牌忠诚的消费者对他们的首选品牌有着强烈的参与感，并且会清楚地感受到它的不同之处。对营销者来说，使消费者对某一特定品牌形成正面联想至关重要，因为品牌联想不仅决定消费者是否会购买该产品，还影响其购买该品牌延伸品的可能性。品牌联想代表了个人对品牌质量以及品牌如何与他们特定的生活方式相补充的看法，这种看法通常基于广告信息和朋友的推荐。如果消费者对某一品牌联想特别强烈（如图 9-1 所示的梅赛德斯－奔驰），那他们往往乐于购买该品牌的延伸产品，因为他们认为同一品牌的其他产品也会同样优质。如果延伸产品的属性相类似，那么这一推理似乎是合乎逻辑的。然而，当一些产品的品牌相同，但在种类和制造工艺上没有任何相似之处时，这一推理就有些说不通了。例如"维珍"这一品牌，从本质上看，我们无法解释为什么维珍航班会被与维珍可乐相提并论。然而，确实有几款产品之所以取得成功，只是因为它们有一个口碑良好的品牌。

一些品牌标志代表着极高的辨识度和大量正面联想

图 9-1　知名品牌产生强烈联想

集体主义文化

属于特定的群体或文化也会影响消费者的决策。一个人的决策在多大程度上受所属群体的影响，取决于他与群体的联系有多紧密。在集体主义文化（强调社会体系中关系和角色的重要性）中长大的人往往强烈地依附于他们的社会支持群体，因此他们的选择和决定往往受到群体的影响。这样一来，可以根据不同的文化类型来预测人们对品牌忠诚的可能性也就不足为奇了。例如，在集体主义文化中，消费者通常喜欢顺应自己所属的群体，也正是出于这种需要，他们更倾向于对品牌忠诚。这是因为重复购买群体已经认可的产品比冒险购买其他成员没有使用过的产品更容易。购买一种与众不同的产品通常被视为个人主义的表现，而且尝试新产品也可能会存在一定的风险。

此外，对归属感的需求可以解释为什么要建立品牌社区。这是因为当人们属于使用同一品牌的特定消费者群体时，他们能够感受到归属感的满足。品牌社区具有特定类型的特征，比如通过共享产品消费而产生的归属感，以及对其他成员的责任感和义务感。

激励措施

为消费者提供实现目标的激励可以使其对品牌忠诚。纽恩斯（Nunes）和德雷泽（Dreze）于 2006 年进行的一项研究证明了这一点。他们在洗车场向顾客发放积分卡，第一种积分卡——顾客需要洗 10 次车才能获得一次免费洗车的机会，第二种积分卡——洗 8 次车就能得到一次免费洗车的机会。但是，得到第一种积分卡的顾客能先得到两个免费积分，因此，这两种积分卡实际上需要的努力是同等的。但结果是，在持第一种积分卡的顾客中，大约 34% 的人完成了积分任务，获得了免费洗车的奖励；而在持第二种积分卡的顾客中，只有 19% 的人完成了任务。由此得出的结论是，当消费者认为他们已经取得了重大进展（在实现目标的进程上）时，他们完成目标的决心就会增加。

小结 》》》

消费者的决策过程是复杂的，因为会受到许多不同因素的影响。消费者在决定购买哪种产品和品牌时经常运用启发法。启发法往往是下意识地使用的，一些较为常见的启发法包括预测性启发法、说服性启发法和选择性启发法。启发法有时会误导消费者，使其无法做出理性的决策；由于消费者可能会将产品与他们在特定时间点的感受联系起来，情绪有时也会误导消费者，即使其是由完全不同的刺激引起的。通过尝试让消费者更多地参与到产品或品牌中来，可以鼓励他们做出理性的决定。

决策也会受到特定产品属性的影响，可得性 – 诊断性模型可以用来说明消费者为什么会依据某些属性进行决策。

消费者有时会反复购买某一特定品牌，这就是所谓的"品牌忠诚"。对于集体主义文化下的成员而言，在了解到某个特定品牌得到了其他成员的认可时，更有可能对该品牌忠诚。

想一想 / CONSUMER PSYCHOLOGY

1. 营销者如何更好地利用启发法?

2. 运用启发法是否等同于"不理性"?

3. 决策是否可能不受情绪的影响?消费者在做决定时能够区分自身感觉和实际情况吗?

4. 为什么对品牌忠诚的消费者会对他们所喜爱的品牌有强烈的参与感?

5. 通过激励措施能够实现品牌忠诚吗?

CHAPTER 10

第 10 章

为什么网购瘾根本停不下来

使用互联网本身就是一种消费活动。参与网上活动的人数不断增加，显示出互联网的吸引力日益强大。本章将探讨影响网络消费者收集信息和进行网上决策的因素。然而，由于人们不仅仅使用互联网来购物，本章还会探讨如何利用聊天室和 Facebook 等社交网站，来使互联网成为一种社交工具。本章最后会简要地介绍互联网的缺点，比如人们对网络的成瘾性。

互联网的使用

自 20 世纪 90 年代中期以来，互联网的使用人数迅速增长。据估计，全世界有超过 1.2 亿人使用互联网（该数据截至 1999 年）。

亚马逊和 eBay 等网站在商业上大获成功，证明了互联网业务可以实现高利润。电子商务的重要性正在日益凸显，戈登·布朗（Gordon Brown）在 2009 年表示，由于数字通信产业每年能够为经济贡献约 500 亿英镑，英国政府计划大力发展这一产业。

互联网对消费者、零售商、制造商和营销者都有好处。从消费者的角度来看，它不仅有助于全面考量产品和服务，而且还简化了价格比较的流程。营销者和制造商也可以利用这一价格比较流程追踪了解竞争对手的行动，从而为自己的产品和服务调整价格。

通过了解网站访问者的动向、密切关注顾客、收集顾客购物类型的数据，零售商可以把他们的"商店"放在网上获益。对于制造商和营销者来说，互联网最大的一个优势是提供了一个可以广泛接触消费者的机会，这是其他销售渠道无可比拟的。

互联网用户

鉴于互联网的应用已经如此广泛，不能简单地对其用户进行归类。无论男女老少都开始使用甚至沉迷于互联网，这就是它对营销者和制造商的吸引力，因为他们的目标受众不再受限制。然而，值得注意的是，并非所有年龄段的人都能以相同的能力处理网络提供的信息。例如，有证据表明，由于记忆容量的减少和信息存储的困难，老年人无法像年轻人那样大量处理网上信息（参见第 2 章）。因此，相较于年轻消费者，老年消费者搜索和浏览的信息要少一些。

另外，确定哪些消费者不愿意网购也是一个难题。研究发现，那些对网络购物颇有怨言的消费者不会去网购。因此，如果可以激励他们改变行为——进行网购，就有可能促使他们对网购持一种积极的态度。但是，我们还要注意，互联网不仅仅用于消费目的，还有其他广泛的用途，其中一个用途就是社交。许多互联网用户越来越频繁地使用网络，因为这给了他们与他人交流的机会。

网络消费

网购与传统的实体店购物既有相似之处，又有所不同。关键的一点在于，网购没有地点和时间限制，只要有需要，消费者可以随时从海外购买产品。消费者选择网购的原因有很多，其中一个是便利性，另一个是能够通过比较买到更便宜的商品。因此，当消费者认为不方便到店内购物时，就会倾向于网购。

另一个提高网购可能性的因素是消费者打算购买的产品类型。如果产品需要亲自检查，如香水，消费者就不太可能在网上购买。要是不必先行查看，在网上就可以完全了解（如购买书籍），消费者就更愿意网购。

为了充分了解网络消费的过程，搞清楚消费者搜索信息和做出购物决策的方式是很重要的。

信息搜索

在网上搜索、查看产品是一种常见的消费活动。一项调查发现，多达 93% 的消费者在网上研究过产品。与在纸质印刷广告中接触到的产品信息相比，消费者可以在网络上进行更广泛的比较和考量，以了解更多的产品信息。这一理论得到了实验证明：143 名被试被要求对两个虚构的广告（分别为跑车广告和快餐店广告）进行评估，广告的呈现方式有两种——电脑页面广告或纸质印刷广告。相较于从纸质印刷品中看到广告的被试，那些从电脑上看到广告的被试更愿意寻求更多的信息，提到的属性也更多。研究表明，仅仅是电脑的存在就能够使人们对面前的产品产生更多的思考，这可能是因为人们习惯性地认为电脑会提供更详细的信息。然而，这并不意味着在通常情况下，消费者在每次消费之前都希望收集大量信息。更有可能的情况是，消费者在购买更便宜的产品之前只进行有限的信息搜集，因为同款商品（如书籍）在哪个网站上的介绍都是一样的。

有限的信息收集

在某些情况下，网络消费者在决定购买哪种产品之前会搜索有限的信息。尽管这方面的研究还处于起步阶段，但有证据表明，许多网络消费者都忠实于某一购物网站。例如，在网上购买 CD 的消费者在购买之前平均只浏览 1.3 个网站，而同时购买 CD 和图书的消费者仅查看 1.2 个网站。此外，对于同类产品（如 CD 或书籍），消费者往往倾向于从价格较高的供应商处购买，这大概是其对该网站的忠诚使然。

当消费者在网上购买更便宜的同类产品时，他们仅仅参考了有限的网络资源，人力资本模型可以解释其中的潜在原因。这一模型指出，从"做"中学是人类获取知识的一种关键方式。随着时间的推移和经验的积累，我们习得了在社会中生存和发展所需的技能。当我们进行一项新任务时，往往不得不耗费大量精力。然而，随着不断的历练和经验积累，原本困难、严苛的任务会变得简单易行，并最终成为习惯。如此一来，任务所需的精力就会减少，余下的认知资源就可以用于完成其他目标。所以，尽管也许第一次使用电脑购物需要消耗大量的精力，但通过多次实践，这个任务将变得容易得多，因为人类拥有从经验中学习的能力。因此，如果消费者之前使用过某一网站，再次使用时就会容易得多，因为他们的精力投入大大减少了。这样一来，尽管消费活动增加了，但用于该活动的时间和精力却减少了。相应地，如果消费者熟悉了某一网站，该网站的易用性就会提高，并最终收获消费者的忠诚。这解释了为什么尽管去其他网站购物也不难，消费者也还是"固守"某一网站。

对多种来源的依赖

消费者之所以不在网上收集关于产品的大量信息，另一个原因可能是他们依赖多种信息来源，不太可能只在网上搜索信息。此外，考量产品所花费的精力也受到消费者先前对产品的了解程度的影响。事实上，已经有专家指出，在消费者掌握的产品知识和进行的搜索量之间存在倒 U 形关系。这意味着对产品有一定了解的人最有可能进行广泛的信息搜索，而了解很少或很多的人最不可能进行搜索。

线上搜索、线下购买

有些人会使用互联网收集产品信息，但却不愿意在网上购买产品，反而更喜欢在实体店中购买。尽管这种购物策略不利于网络销售商，但对消费者却有一定益处，因为这可以帮助他们在实体店内做出更理性的选择。消费者之所以采取线上搜索、线下购买的策略，可能有以下几个潜在的原因。一种解释可能是，当消费者有"触摸"产品的需求时，他们是不会在真正接触它之前就打开钱包的。

另一种解释可能是消费者经常体验到新的购物方式。面对多种选择（如互联网、商品目录和实体店），消费者往往不只依赖一种产品来源，这给销售者带来了一定的困难。问题尤其在于，销售者随时可能会失去客户。有鉴于此，专家提出了三种不同的观点，以解释为什么潜在顾客可能不会选择在线购买产品。

- 网店具有强大的搜索属性优势（收集信息便捷），而实体店则具有强大的购买属性优势（获取产品快速），这可能成了一种购物"传统"。
- 互联网缺乏渠道锁定功能（一种在不同阶段，如搜索和购买阶段留住客户的能力）。

- 跨渠道协同效应（从某个来源搜索信息，反而可以增强从另一个来源购买产品的体验）可能发生在互联网和传统实体店之间。

零售商可以通过多种方式鼓励消费者在线购买产品，比如提高其对网站的信任度，或者增加渠道锁定功能——通过绑定客户的信用卡或提供即时折扣等方法。

语言

互联网使用的语言也是影响消费者收集信息的一个因素。大多数网站只允许用英文进行搜索，这就引出了一个问题：对于母语非英语的人来说，获取信息是否便利？据估计，只有不到三分之一的网络消费者以英语为母语，这意味着大多数人可能无法完全理解他们在互联网上遇到的信息。经研究发现，语言在消费者感知网站的过程中扮演着重要角色，因为它能够影响他们对网站的态度。这就提出了一种可能性，即语言也可能成为"消费者能否在非母语网站上搜索信息"的一个影响因素。

互联网决策

消费者的决策过程十分复杂（如第 9 章所述）。但普遍用于其他决策的策略也同样适用于网购决策。然而，网购决策还存在某些特有的问题需要进一步探讨——比如信息该如何呈现，提供的大量信息是如何影响购买的可能性和结果的，消费者在做出错误的购买决定时会责怪哪一方。

网页设计

网购决策通常是消费者在浏览网店时做出的，这意味着网店的页面布局可能是预测购买行为的决定性因素。网页的设计特征会潜移默化地影响互联网用户所做的选择。2002 年，曼德尔（Mandel）和约翰逊（Johnson）在一项研究中证明了这一结论。他们对汽车销售网站的背景模式进行了操控，使其或突显价格优势或突显质量特征。结果表明，当被试看到的背景页面体现价格优势时，他们更有可能选择一辆便宜但不太安全的汽车；但那些看到体现安全（质量特征）背景的被试则明显倾向于购买昂贵但更安全的汽车。

科内斯（Knez）与尼丹瑟（Niedenthal）在2007年的一项研究也证明了这一观点：改变网络信息的设计样式可以影响用户的决策。在研究中，他们测试了游戏中不同类型的灯光能否改变玩家的感觉和表现。结果发现，与在冷色调灯光（如蓝色）下相比，玩家在暖色调灯光（如红色）下的表现更好，心情也更加愉快。

选择数量

在网络上做购买决定可能会令人望而却步，因为信息无穷无尽。在大量的选择中，消费者可能会感到焦虑不安，这反过来又会影响他们的决定。

研究表明，选择过多反而会降低购买的可能性，而且如果消费者是在众多选择中做出购买决定的，那他们往往会认为所选的产品不尽如人意。格里芬（Griffin）和布朗尼亚尔茨克（Broniarczyk）在2008年的一项研究展示了这一理论对网购的适用性。他们让被试进行一项网络搜索任务。与对称选项（选项具有相似性）相比，被试在面对非对称选项（选项有明显差异）时进行广泛搜索的可能性更高。产品之间的非对称性差异具有独特性，如有游泳池的房子与有花园的房子；而对称性差异则关注单一维度，如40英尺的花园与60英尺的花园。研究人员得出结论，当被试面对非对称选项时会进行扩展性搜索，这导致他们不得不做出艰难的权衡，进而导致了满意度的降低。然而，需要注意的是，在线客户只倾向于对某些特定类型的产品进行广泛的信息搜索，这意味着他们感到不太满意的可能性也许仅限于某些产品类别。

决策不当是谁的责任

当消费者使用互联网帮助其做出购买决策时，若决策结果不尽如人意，他们有时会将责任归咎于网络。这与自我服务偏差理论相一致，该理论认为，人们倾向于将积极的结果归功于自己，而将消极的结果归咎于其他人或物，这是出于保护自尊和自我概念的需要。当消费者回顾购买过程时，对互联网性能的正面或负面的评价至关重要，因为这很可能决定他们未来再次网购的可能性。

然而，如果消费者曾经在网上有过亲密的自我表露（分享亲密的信息和感受），就会改变责怪模式。关系领域的研究人员已经证实，对合作伙伴持有敏感和热情的态度既能发展又能维持彼此之间的关系。在与他人建立亲密关系之后，个人的自我概念就会扩大，把对方纳入进来。考虑到消费者会很看重一些没有生命的物品，并视其为自我的一部分，那么他们利用这些物品进行自我表露，也就不足为奇了。事实上，已有研究发现，当消费者使用互联网时，他们确实将其视为一种社交接触，赋予其社交属性。这就是为什么当消费者同互联网有过亲密接触后，责备模式就会改变。在这种情况下，消费者更有可能承担决策失误的责任，而将成功的决策归功于网络。

社交网络消费者

人们使用互联网，自然不仅仅是为了购物，还有更多社会性的原因。特别是过去的 10 年已经清晰地表明，通过电子邮件、聊天室和社交网站，人们可以很容易地与他人保持联系。互联网是一种非常有用的交流工具，它的出现振奋人心，因为它不仅为其用户提供了结交新朋友的机会，还能确保他们永远不会感到远离了家人和朋友。

互联网是一种通信手段

迄今为止，关于"消费者如何将互联网用作交流工具"的文章还不算多。研究人员发现，近年来，人们在网上聊天的趋势渐长，网络聊天也因此成为网络消费的一个重要方面。如今，聊天室已经成为"网络生活"中不可或缺的一部分，许多大公司都设有聊天室，客户可以在其中对所提供的产品和服务发表意见。甚至有人指出，在网站上设置聊天室可使消费者的访问量增加约50%，购物量增加约40%。

为什么要在网上聊天

并非所有使用聊天室的消费者都会在其中发言，他们可能会认为聊天室是虚拟的，没有什么人际交往的成分。然而，对于那些选择上网聊天的人来说，这样做有许多潜在的原因：有的人是为了寻求信息、解决问题；有的人是为了社交。研究发现，男性和女性选择上网聊天的原因存在具体差异，女性更有可能出于娱乐、陪伴、放松或消磨时间等目的。这类研究结果可令软件开发公司受益，使它们能够设计出具有特定目的、直接针对女性的方案。

MySpace 和 Facebook

如今，人们在网上拥有一个自己的虚拟形象是很常见的，他们会精心"打造"一个虚拟形象，以便向世界展示自己最理想的一面。许多这样的虚拟形象被展示在日益流行的社交网站——MySpace 和 Facebook 上。这类网站一般允许用户发布有关自己的信息、向"好友"发送消息、发布图片，并将自己的网站链接到好友的网站。

据估计，在 2006 年，MySpace 用户约有 2000 万，Facebook 用户约有 950 万，此后每天约有 20 万新用户注册。社交网站无疑改变了人们互动和交流的方式，因为他们可以选择向他人展现自己的方式。

像 MySpace 和 Facebook 这样的网站对男性、女性以及大多数种族群体具有普遍的吸引力。交友网站的大多数用户都将网站作为结交新朋友和联系老朋友的一种手段。

个人主页被感知的方式是非常重要的，尤其对年轻人来说。法尔肯堡（Valkenburg）、彼得（Peter）和斯考腾（Schouten）2006 年发现，社交网站的使用与人们的自尊心和幸福感之间存在相关。他们对 8000 多名年龄在 10～19 岁之间、拥有在线个人资料的青少年进行了一项调查，结果发现，当这些青少年得到积极的反馈时，其自尊心和幸福感会随之增强；而当他们得到消极的反馈时，其自尊心和幸福感也会随之下降。

通过社交网站形成的关系往往很肤浅。研究表明，许多人使用 Facebook 只是为了"加好友"，而不是与他们真正建立联系。这种行为类似于自恋，因此以自我为中心的用户尤其偏爱使用社交网站来让自己感觉更好，因为他们看起来在网络世界中很受欢迎。

老年互联网用户

互联网也是老年人与他人保持联系的理想工具，尤其是那些由于生病或住在偏远地区而与家人和朋友联系越来越少的老年人。2008 年，桑姆（Sum）、马修斯（Mathews）、休斯（Hughes）和坎贝尔对互联网是否适用于老年人进行社交进行了研究。他们对 222 名 55 岁及以上的澳大利亚人进行了网络问卷调查，调查内容涉及互联网的使用情况和孤独感。在这些被试中，62% 为女性，约 64% 与伴侣生活在一起，90% 每周至少上网四小时，约 96% 使用互联网超过一年。研究显示，他们使用互联网的主要目的是人际沟通、信息搜索和商务往来。大多数被试的孤独感水平较低（可能是因为大多数人都不是独居），且男性比女性被试的孤独感更强烈。然而，研究发现，被试的孤独感似乎跟上网的时间有关——上网时间越长就越孤独。因此，互联网似乎不能减少人们的孤独感。然而，互联网和孤独感之间的关系可能会随着使用网站类型的改变而改变。因此，研究人员得出结论：教那些 55 岁以上的老年人使用某些互联网功能，是能够帮助他们减少孤独感的。

心理健康

互联网的缺点之一是它会让人上瘾。也正因如此，一些互联网用户沉迷于万维网或聊天室。虽然当前版本的《精神障碍诊断与统计手册》（*The Diagnostic and*

Statistical Manual of Mental Disorders，*DSM*）并不承认网瘾的存在，但是大量数据表明，网瘾现象并不罕见，尤其在青少年中。例如，有调查显示，大约 2.4% 的中国青少年、1.98% 的挪威青少年和 8.2% 的希腊青少年都有网瘾。

网络成瘾不仅仅局限于聊天室，而且涉及互联网的各个领域。杨（Young）在 1996 年对"互联网的成瘾性"这一主题领域展开了研究，她认为网瘾与毒瘾类似。为了证实这一点，杨修改了一份通常用于识别嗜赌成瘾者的问卷，以确定 600 名被试中有多少人可能对互联网上瘾，以下是一些问题示例。

- 你有没有向家人、心理治疗师或其他人说谎，以隐瞒自己对互联网的依赖程度？
- 你的上网时间是否比原计划的要长？
- 你是否觉得要花更多时间上网才能感到满足？
- 你是否被互联网牵制了心神（总是不自觉地回味之前的网上活动或期待下一次网上聊天）？

杨发现，大约 66% 的被试依赖互联网，他们每周的上网时间约为 38 小时，其中不包括用于学术或就业相关活动的上网时间。有趣的是，在被归类为"依赖者"的被试中，大部分人对网上活动都比较陌生，约 83% 的"依赖者"只使用了一年或更短时间的互联网；而在那些不依赖互联网的被试中，大部分人都使用了很长时间的互联网。这一发现可以表明，也许是新鲜感让一些人上瘾，随着他们逐渐习惯互联网，发现互联网并不那么有趣，上网的时间也就减少了。然而，有一个问题值得我们思考：对于任何用户来说，每周在互联网上花费相当于工作时长的时间，到底会对健康造成多大的损害？

小结 》》》

网络购物让消费者拥有了更多的自由，消费者可以随时从远方购买商品。消费者打算购买的产品种类不同，使用互联网收集产品相关信息的数量也会随之改变。一般情况下，消费者忠诚于某一特定的购物网站，这可以用人力资本模型来解释。消费者并不仅仅依靠互联网来获取产品信息，而是从广泛的来源中寻求更多的信息，这也是购物中的常见现象。由于实体店具有强大的购买属性优势，而互联网缺乏渠道锁定功能，且两者之间可能发生跨渠道协同，因此消费者更容易采取线上搜索、线下购买的模式。在线决策受到网站设计、可供选择的数量等多种因素的影响，有时，人们决定不当时会归咎于网络。除了购物，互联网还被用来与朋友交流、建立新的社会关系，这些社交活动通常在 Facebook 等网站上进行。花过多时间上网会导致用户上瘾，但目前还不清楚原因是否在于"网络新鲜感"，因为这种感觉在用户习惯上网以后会逐渐消失。

想一想 / CONSUMER PSYCHOLOGY

1. 网购与实体店购物有何不同？
2. 运用何种锁定策略可以提高消费者网购的可能性？试想一下，除了文中提到的方法，还有哪些方法可用？
3. 消费者在网上收集信息的方式是否合理？
4. 是否应该控制孩子的上网时间？
5. 对于感到孤独的人来说，参与社交网站上的活动是一个好主意吗？

CHAPTER 11

第 11 章

孩子的钱该怎么赚

本章将探讨与"儿童与消费"相关的几大问题。首先介绍如何在儿童认知发展的同时,培养其媒体素养,其中着重关注两方面的内容:皮亚杰的传统认知发展理论,以及证明"完全理解电视节目是一个循序渐进的过程"的研究。其次,本章还阐释了暴力电视节目如何影响儿童、互联网的利弊以及向儿童推销产品是否合乎道德等内容。

儿童与消费

与成年人一样，儿童也是狂热的消费者。英美两国的销售数据清楚地表明，儿童从很小的时候起就被社会化，并逐渐成为消费社会的一部分。美国1997年的销售数据显示，12岁以下的儿童在众多产品和服务上的花费超过240亿美元，并影响了其他1880亿美元的支出。据估计，英国的玩具产业价值约为20亿英镑。

儿童对消费的热衷程度不仅体现在消费的金额上，还体现在他们在消费活动上投入的时间。儿童平均每天看电视2~5小时，使用电脑2~3小时，听音乐或广播约5小时。这意味着许多儿童花在消费活动上的时间比他们学习的时间要多得多。长此以往，他们的社交和认知能力将不可避免地受到消费活动的影响。

儿童的认知与成人有何不同

儿童认知能力的发展贯穿其整个童年时期，他们处理信息的方式与成年人有所不同。这意味着，儿童对营销信息和主流媒体的感知方式有其独特之处，他们倾向于关注不同类型的刺激，有时可能会误解自己看到或听到的信息（取决于年龄）。因此，营销者和消费心理学家有必要了解儿童在什么年龄段发展出哪些不同的认知能力，以便与年轻的消费群体进行有效的沟通。

认知发展理论

皮亚杰的认知发展理论表明：与成人相比，儿童的认知能力有限。他提出，儿童要经历四个主要的认知发展阶段：（1）感知运动阶段（0~2岁）；（2）前运算阶段（2~7岁）；（3）具体运算阶段（7~11岁）；（4）形式运算阶段（11岁~成年），如表11-1所示。这种划分方式表明儿童的认知能力在不同年龄段存在显著的差异。在感知运动阶段，儿童主要关注即刻感受和运动图式，只有初步的思维能力；第二阶段（即前运算阶段）分为两个时期，即前概念期（2~4岁）和直觉思维期（4~7岁）。在前概念期，儿童会形成相对基本的内在思维和象征性思维的能力；到了该时期的后半段，儿童逐渐开始以更系统的方式对刺激和经验进行分类和量化的心智操作，尽管他们无法解释为什么要这么做。在前运算阶段，儿童主要关注某单一层面，这就是所谓的"集中化"。例如，他们可能把注意力集中在物体的颜色而不是形状上。因此，针对该阶段儿童的营销要简单明了，以便他们能够从众多的产品信息中提取出关键部分。皮亚杰称第三阶段为具体运算阶段，因为在此阶段儿童的思维过程只能应用于眼前的有形物体，对当前环境的依赖意味着他们难以处理抽象的概念。然而，在这个阶段，儿童已经会设法考虑刺激的多个层面，因此，相较于前运算阶段，针对这一阶段儿童的营销信息可以加入更多的元素。直到11岁左右，儿童才能够以一种更成人的方式处理信息，因为他们能够处理复杂的思想和假想的情境了，进入了认知发展的形式运算阶段。

表 11-1　　　　　　　　　　　皮亚杰提出的认知发展阶段

阶段	年龄	特征
感知运动阶段	0~2岁	儿童通过感官信息和动作图式来认识世界；学会将自己与环境区分开来，并形成"发展内在思维表征"的能力
前运算阶段	2~7岁	儿童学习理解基本的内在思维和象征性思维；在这一阶段接近尾声时，他们开始了解物体的分类
具体运算阶段	7~11岁	儿童能够对物体进行分类和组织；在有限范围内，他们可以进行逻辑思维运算
形式运算阶段	11岁~成年	儿童开始进行抽象逻辑推理；有能力提出和检验假设

值得注意的是，近年来关于皮亚杰的阶段划分存在争议，因为认知发展的某

些特征出现的时间要比他提出的早一些或晚一些。但皮亚杰认知发展理论的总体思路依然正确，值得我们在对儿童进行营销时加以借鉴。

主流媒体的影响

自 20 世纪五六十年代开始，人们展开了对儿童消费行为的研究，研究对象包括品牌忠诚和对营销信息的理解。如今，孩子们不断地接触各种类型的媒体，其中最常见的是电视、广播和互联网。他们不仅通过这些媒体了解整个世界，还因此时常接触到营销信息。随着儿童与媒体接触的增加，越来越多探索消费、认知发展、行为影响和社会影响之间关系的研究涌现出来。其中，有些领域比其他领域更受研究者的青睐，例如看电视对儿童行为的影响。

电视

儿童通常在两岁半到三岁之间开始经常看电视，同时，他们也对不同类型的电视节目产生了明确的喜好。莱尔（Lyle）和霍夫曼（Hoffman）于 1972 年进行的一项研究发现，大约五分之四的三岁儿童能说出自己最喜欢的电视节目，而到了五岁时，这一比例几乎达到 100%。

儿童看电视的时长和频率随着年龄的增长而逐渐增加，大约在 12 岁时达到顶峰。之后，他们会在别的爱好上花费更多的时间，看电视的时间会相应减少。

理解电视节目

儿童不会像成年人那样看待他们在电视上看到的东西。已有研究清楚地表明，儿童的认知能力是逐渐发展起来的，他们完全理解在电视上看到的信息，一般需要大约 10 年的时间（参见表 11-2），因此，幼儿对电视节目的理解程度确实有限。

表 11–2　　　　　　　　　　　　　　理解电视节目的阶段

年龄	特征
6 岁	6 岁之前，儿童一直在发展从主观感知到概念加工所需的认知能力。6 岁以上的儿童有能力思考情节中的概念和抽象信息，而年龄较小的儿童则主要关注具体行为
7 岁	7 岁以下的儿童并不能完全明白电视中的情景不是真实的
8 岁	儿童可能知道电视节目是虚构的，但仍然认为节目是现实生活的真实写照
8~9 岁	儿童以碎片化的方式看待节目内容，并被快节奏的动作、响亮的音乐和快速切换的场景所吸引。如果节目节奏较慢，他们的注意力就会转移到别处
10 岁	儿童能够将时间上分隔开来的场景联系起来综合看待

年幼的儿童还不能从头到尾持续观看电视节目；相反，他们只能短暂地关注快速移动或色彩鲜艳的场景，这意味着他们经常会错过那些人们"只是在说话"的场景，而这些场景可能恰恰包含了理解节目或广告情节的关键信息。

六岁以下的儿童还无法理解电视节目的虚拟性，他们倾向于关注屏幕上的具体行为，而不能理解电视节目并非真实的生活，所以他们经常会误解节目的本意。大多数儿童在大约七岁时会意识到这一点，但即便如此，他们往往还是不能完全理解电视节目与现实生活的区别。

在八九岁之前，儿童以碎片化的方式处理节目内容。他们不会集中注意观看整个节目，而是不时被快节奏的动作、响亮的音乐、高度显著的信息元素和场景之间的快速切换所吸引。年龄较小（两岁或三岁）的儿童尤其如此，他们的注意力会被诸如鲜艳的颜色之类的元素所吸引，这些元素不一定与情节无关。例如，一件鲜红色的衣服也许成了节目的焦点，但身穿这件衣服的人物行为却可能完全被忽略。

与高度显著的信息元素类似，快速切换的场景也能吸引人们的注意力。但与鲜艳的颜色等刺激不同，它对人们的作用能从婴儿期一直持续到成年期。研究发现，当周围有快节奏动作出现时，人们很可能会迅速集中注意力观看。这可能是因为人类的周边视觉对运动高度敏感。

直到 10 岁左右，孩子们才能够将被时间分隔开的场景联系起来综合看待。而在此之前，如果一个角色表现得很友善只是为了欺骗另一个角色，那么孩子们可能意识不到这个角色是坏的，因为他们没有把这两个事件联系起来。

暴力电视节目

关于"看电视对儿童的影响"，最常被研究的就是"暴力对行为的影响"。尽管本章对看电视的消极影响的讨论仅仅涉及暴力对儿童的影响，但有必要承认，看电视还有其他诸多不良后果。例如，电视迷往往缺乏创造性，而且阅读理解能力较差。

在 20 世纪 90 年代后期，据调查统计，大约 40% 的儿童电视节目中出现过暴力场景。考虑到儿童也会观看成人电视节目，并从中接触到大量的暴力内容，因此，儿童在进入青春期后期之前大约会看到 8000 多起谋杀和 100 000 多幕暴力场景。据说，持续接触暴力行为会使儿童对暴力脱敏，这意味着他们可能会对现实生活中的暴力和攻击性行为无动于衷。

由于儿童的信息处理能力与成人不同，他们常常误以为电视上的东西就是现实生活的真实写照。这导致一些儿童认为他们生活在一个暴力普遍存在的社会。同样，儿童对电视节目的道德判断也是如此。由于他们至少要到 10 岁才会有明确的道德认知，因此，经常看电视中的暴力场面很可能激励他们效仿看到的行为，特别是当不良行为获得某种奖励时。这是阿尔伯特·班杜拉在由他主导的一系列被称为"波波玩偶实验"的经典研究中得出的结论。在其中一项研究中，一组学龄前儿童观看了一部成人演员对充气波波玩偶拳打脚踢的影片，而另一组观看的是一部没有攻击行为的影片。儿童在看完电影后被安排与电影中看到的同款玩偶单独在一个房间中。那些观看过暴力表演的儿童对波波玩偶的攻击性明显高于对照组儿童，此外，他们还展现出了影片中未出现的攻击性行为，这表明观看暴力表演会导致儿童去抑制。班杜拉从他的研究中得出结论，儿童是在社会学习中逐渐变得具有攻击性的（社会学习理论），当他们看到有人因为做出攻击性行为而得到奖励时，效仿的概率会增加。

如何对抗不良影响

为了防止儿童效仿暴力和攻击性行为，一个有效的方法是展示暴力的真实后果。这样他们就不太可能效仿从电视上看到的行为。

另一个应对电视负面影响的方法是教导儿童批判性地看待电视节目。父母可以向儿童提出思辨性的问题，如讨论特定信息的目的，或鼓励孩子讨论节目的细节。这样儿童就不会再感到焦虑不安，而是能够区分真实与虚构，从而更好地理解商品信息，减少对攻击性角色的认同。

电视节目的积极影响

暴力电视节目并非唯一影响儿童的节目，还有许多其他类型的节目会对儿童产生积极的影响。当观看那些展示和谐的社会行为，如人与人之间互相帮助或友好互动的节目时，儿童更有可能模仿他们所看到的行为。

如果儿童经常在电视节目 [如《芝麻街》（*Sesame Street*）] 中看到不同种族的人出现，他们就能够形成积极的跨种族观念。教育类节目也可以对儿童的学习能力产生积极的影响，如果节目中真正含有学习要素，如阅读和计算，可以帮助儿童更快、更有效地阅读和算数。

电脑

如今，电脑已成为大多数人生活的一部分，对于各年龄段的儿童来说也是如此。研究发现，在学校环境中使用电脑不仅有助于学习，而且能让儿童对学习更感兴趣。此外，电脑还可以加强低年级学生之间的社会交往，他们可以在紧急情况下通过电脑寻求他人的帮助。此类研究结果清楚地表明，从教育和社交的角度来看，儿童使用电脑是有益处的。

尽管电脑会对儿童产生积极影响，但也有一些与电脑有关的坏处值得关注，比如网络游戏成瘾。

互联网

对于西方社会的大多数儿童来说，用电脑上网就像看电视和使用手机一样普遍。他们花在网上的时间比成年人还多，12~17岁的青少年是最热衷于上网的群体。已有研究发现，世界各地儿童上网的模式具有相似性。

由于儿童在互联网上花费了大量的时间，他们很可能受到各类网络事物的影响，尤其是他们经常在没有成人监督的情况下使用网络，这种影响就变得更有可能，也更加隐蔽。所以，我们要知道，与大多数媒体一样，儿童使用互联网也是一把双刃剑。

教育资源

互联网可以为儿童提供大量的信息，而这些信息往往无法从其他渠道获取，这使他们比以前的同龄人更容易了解事物。杰克逊等人于2006年的一项研究发现，获取大量信息对低收入家庭的儿童尤其有益。在实验中，研究人员挑选了一些家庭年收入约为1.5万美元的非裔美国儿童，并为他们分别提供了一台可以上网的电脑。结果发现，在短短六个月后的阅读测试中，那些经常上网的被试比很少上网的被试表现得要好。这可能是因为大量的互联网资料都是以文本为基础的。

尽管有证据表明，儿童可以从网络信息中获益，但还要注意的是，并非所有的网络信息都是准确的。因此，儿童可能会学到错误的知识。研究人员发现，网络读者在判断信息是否可信方面始终表现较差。在一项研究中，里奥（Leu）和他的同事要求50名来自美国不同地区的七年级学生评估一个网站的可靠性，该网站关注的研究主题是"濒临灭绝的太平洋西北树章鱼"。尽管这个课题研究毫无事实依据，但大多数孩子声称它是科学合理的。之后，研究人员告诉孩子们这个网站是个骗局，即便如此，仍有大约一半的孩子坚持认为网站的内容是真实的。

网络社交

人们还发现，互联网为儿童提供了与老朋友建立更紧密关系的机会。青少年可以通过即时通信工具与朋友们"密聊"，因为打电话会有被窃听的风险。即时通信和聊天室的应用使面对面的互动交流变得多余，而且网络社交对那些可能有社交焦虑的群体也很有吸引力。在某些情况下，它能够帮助个体敞开心扉，表露原本可能羞于开口的个人信息。

然而，互联网虽然是高效的社交工具，但也可能对青少年产生不良的影响，因为他们可能被引诱到聊天室等网络空间，与年长或行为不端的人进行不恰当的社交互动。一些青少年专门使用互联网来认识陌生人，那些在现实中有人际问题的青少年更有可能这么做。幸运的是，大多数儿童都只与熟悉的人（如同学）或组织交流，因此不太可能建立不恰当的社交关系。

互联网社交的另一个潜在缺点是，一些儿童在网上花了太多时间，以至于无法经常与家人和朋友在现实生活中互动，这反而让他们陷入社交孤立的困境。

电脑游戏

在电脑游戏出现的 30 年间，儿童玩家不断增加，玩电脑游戏已被确定为一项青少年的高频活动。在过去很长一段时间里，男孩对电脑游戏表现出了更多的兴趣，因为大多数游戏主要为男性玩家设计。然而，随着任天堂游戏机的出现，这种情况正在逐渐改变，任天堂公司推出的许多游戏显然以女性玩家为目标受众。人们经常争论玩电脑游戏的利弊，特别是那些带有暴力性质的游戏。但现实情况是，到目前为止，研究并没有得出最终结论，似乎玩电脑游戏对儿童的认知发展有利有弊（如图 11–1 所示）。

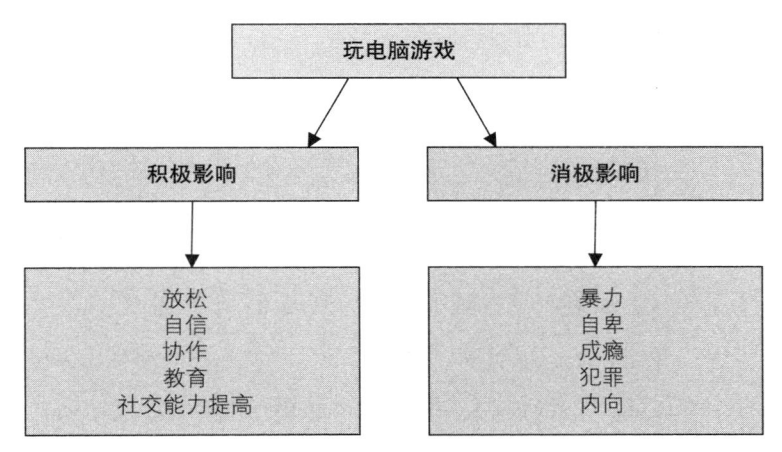

```
                    ┌─────────────┐
                    │  玩电脑游戏  │
                    └──────┬──────┘
                  ┌────────┴────────┐
                  ▼                 ▼
            ┌─────────┐       ┌─────────┐
            │ 积极影响 │       │ 消极影响 │
            └────┬────┘       └────┬────┘
                 ▼                 ▼
         ┌──────────────┐   ┌──────────────┐
         │    放松      │   │    暴力      │
         │    自信      │   │    自卑      │
         │    协作      │   │    成瘾      │
         │    教育      │   │    犯罪      │
         │  社交能力提高 │   │    内向      │
         └──────────────┘   └──────────────┘
```

图 11–1　电脑游戏对儿童的积极影响和消极影响

积极影响

研究发现，电脑游戏能够提升男孩的空间意识和综合认知能力。即使是简单的游戏（如俄罗斯方块）也会有这些效果。在电脑上进行的表现测试发现，当儿童玩俄罗斯方块时，他们的心理旋转和空间想象的能力有所增强。

还有一些针对电脑游戏的研究也有积极的发现，例如，电脑游戏不仅能够增强儿童在智商测试中的非言语表现能力，还能够使儿童放松；玩暴力或攻击性游戏可以让玩家释放压力，从而避免他们将其发泄到现实生活中的人或物之上。

消极影响

经常玩电脑游戏会产生很多消极影响，比如导致游戏玩家产生不满情绪，以及与父母之间出现隔阂等。家长与孩子之间沟通困难的根本原因大概在于家长往往不了解孩子玩的游戏，因此孩子只能自己玩，但是独自玩耍也可能会导致家长产生不满的情绪，因为社交领域的研究人员已证实，社会互动是人们幸福必不可少的一个因素。

此外，玩电脑游戏还会产生其他潜在的问题，如孩子花过多时间玩电脑游戏会有沉迷其中的危险。电脑游戏成瘾与其他成瘾一样，玩家难以控制自身行为，强迫性地投入游戏当中，对别的活动失去兴趣，一旦他们试图停止这种行为，就会出现身体和精神上的戒断症状。虽然到目前为止，还不能确定为什么有些儿童会沉迷于电脑游戏，但有可能是某些性格类型的孩子更容易沉迷于游戏。

关于玩电脑游戏的最后一个问题是，大部分游戏都包含某种形式的暴力，许多人担心它可能会对玩家产生负面影响。就像暴力电视节目一样，暴力电脑游戏也被认为是导致儿童做出严重暴力行为的原因之一。欧文（Irwin）和格罗斯（Gross）于1995年进行了一项研究，通过观察玩两类不同电脑游戏（包含或不包含攻击行为）的儿童，发现玩攻击性游戏的儿童更可能在自由游戏模式下表现出对物体的攻击性，且在心情低落的情况下表现对他人的攻击性；而那些玩非攻击性游戏的人则没有。对于玩暴力或攻击性游戏后出现的攻击性行为，可以用社会学习理论进行解释。

电脑游戏（尤其是在线游戏）的交互性可能比电视节目更能助长暴力行为，因为儿童必须在游戏中主动做出暴力行为。例如，游戏《毁灭战士》（*Doom*）据说是1999年两名青少年在美国科伦拜恩高中枪杀学生的灵感来源。然而，并非所有的研究人员都同意攻击性电脑游戏会使儿童产生暴力和攻击性行为的观点，就像对电脑游戏上瘾一样，一些人认为这更可能是由特定的性格特征所致。因此，可能是性格类型决定了儿童是否会玩攻击性游戏，并效仿在游戏中看到的行为。

刻板印象

儿童会通过媒体来了解其他人的行为，这意味着他们往往对遇到的刻板印象信以为真，认为这就是对某些群体的真实写照。电视在向儿童呈现刻板印象方面特别有影响力。从电视节目中，儿童不仅可以了解男女不同的行为方式，也能够认识到不同群体的特定特征。

女性很少参演儿童电视节目。在动画片中，男性角色的数量一般是女性角色的四到五倍，而且女性角色通常被塑造成刻板印象。

20世纪末期,在一些西方国家的电视节目里,亚洲人或非洲人经常被描绘得很浮夸,然而,由于西方国家的儿童在现实生活中很少接触亚洲人或非洲人,因此无法消除由电视节目形成的刻板印象。所以,当真正遇到亚洲人或非洲人时,他们会自动利用脑海中存储的刻板印象。

广告宣传

理解广告

儿童每年会观看大约2万个广告。与成年人不同,年幼的儿童不明白,他们通过媒体接触到的信息并不总是真实的,不能代表现实生活。7~8岁以下的儿童通常会把广告信息当真,一旦到了8岁,他们就不会再认为广告提供的信息是真实准确的。罗伯逊(Robertson)和罗斯特(Rossiter)早在1974年就发现,约有52%的6~7岁儿童意识到广告试图说服他们购买某种产品;在8~9岁儿童中,这一比例上升至87%;而在10~11岁儿童中,这一比例增至99%。

儿童的年龄越大,就越怀疑广告的真实性,到了十几岁的时候,大多数儿童都认为广告几乎从不说真话。然而,尽管儿童理解欺骗可能是广告的一种手段,但这并不一定意味着儿童受说服性信息的影响就较小。

品牌名称与象征意义

儿童从小就接触各种产品和品牌。从童年早期到中期,随着年龄的增长,他们对品牌名称的意识和记忆程度逐渐增强。2~3岁时,儿童就能够在商店里认出熟悉的包装。到了三岁左右,儿童开始意识到不同的品牌具有不同的象征价值,并开始理解与自己生活相关的品牌的含义。在接下来的几年里,儿童能够记住广告中的品牌名称,特别是当广告包含与产品高度相关的显著刺激时,他们的记忆格外深刻。

在学习识记品牌的同时,儿童也开始形成对品牌的偏好。在学龄前阶段,他们往往更喜欢名牌产品而不是普通产品,这种偏好随着年龄的增长而逐渐增强。

产品分类

要将产品和服务分门别类，就需要洞察潜在的产品属性是如何导致产品之间出现差异或相似性的。虽然儿童在很小的时候就学会了将某些产品归为一类，但他们这样做往往依赖于感知的可见属性。这意味着，他们对产品的分类方式不一定与年龄大的儿童或成年人相同。约翰（John）和苏扬（Sujan）于1990年的一项研究证明了产品分类的年龄差异。他们发现，4~5岁的儿童会根据包装的相似程度将本不属于同一类型的饮料归为一类，而年龄较大的9~10岁儿童则会根据口味和碳酸含量等属性进行分类。

将儿童作为消费者是否合乎道德规范

过去，学者、政治家、营销者以及其他领域的人士都曾就"直接向儿童推销产品和服务是否合乎道德规范"这一问题进行过辩论。对于心理学家来说，这也是一个两难的问题，他们（与其他各领域人士一样）对是否应该帮助广告商操纵儿童去购买更多广告中的产品表示了质疑。

广告商承认利用了这一事实，即如果儿童不拥有某种产品，他们很容易会觉得自己是失败者。聪明的广告会向儿童传达，如果不拥有广告所宣传的产品，就会被同龄人视为"异类"，这种手法利用了儿童的情感弱点。已有研究表明，广告造成的长期不适感促使儿童专注于即时满足，并坚信物质财富的重要性。

儿童对各类产品的不断追求也会使其父母的压力倍增，尤其是对于那些经济条件不好的家庭来说，要想满足儿童的需求非常困难。

食品广告

在世界范围内以儿童为目标受众的广告中，很大一部分都与食品有关，尤其是甜食及其他高热量食品。我们将其视为一个严重的道德问题，因为自20世纪90年代以来，有体重问题的儿童人数大大增加。有些人认为，看电视与儿童肥胖之间存在高相关，部分原因可能是儿童受到诱导购买了广告中的垃圾食品。虽然大多数推广不健康食品的广告都会说明此类食品只能适量食用，但它们往往会简化这样的信息。而这些信息并不会得到儿童的处理，因为他们根本无法理解其中的含义。

制造不切实际的期望

关于媒体给儿童带来不切实际的期望，最常引起争议的或许是"苗条模特"对年轻女孩的影响。从很小的时候起，女孩们就被灌输有关"美丽"的信息，这些信息示意（暗示或明示）她们应该塑造纤细的身材。这种期望通常始于芭比娃娃之类的玩偶，它们拥有现实生活中的女性不可能实现的身材。研究发现，过早接触芭比娃娃等理想的美女形象会损害女孩对身材的自我认知，进而可能导致饮食失调。

小结 》》》

皮亚杰的认知发展理论清晰地表明，不同年龄儿童对消费信息的理解也不同。直到大约11岁，他们才能够完全理解和处理遇到的信息。在这方面有两个很好的例子——儿童对电视节目的理解程度和对广告信息的领会程度。11岁以下的儿童会经历若干认知发展阶段，他们缺乏理解节目内容的能力，而且意识不到很多内容不能代表现实生活。

许多消费活动（如看电视、上网、玩电脑游戏等）都是一把双刃剑。但只要适度、适当地加以使用（如看电视时看教育节目，而不是肥皂剧），就可以发挥它们对儿童的积极影响。

由于某些类型的消费并不总是对儿童有利，因此直接向儿童推销产品和服务是否合乎道德规范一直存在争议。

想一想 / CONSUMER PSYCHOLOGY

观看一期儿童喜爱的电视节目，思考其中的故事情节、事件呈现的顺序以及人物的出场方式，结合儿童认知能力的发展轨迹及其理解电视节目的过程进行讨论。可以尝试回答以下问题：

1. 低龄儿童的关注点是什么，与 10 岁的孩子有何差异？

2. 这档节目的目标受众是什么人，是否适合所有年龄段的儿童观看？

CHAPTER 12

第 12 章

我们能够从买买买中获得幸福吗

我们能够从产品和服务中获得幸福吗？广告商肯定希望我们回答"是的！"但这是有争议的，因为心理学研究往往得出了相反的结论。越来越多的人认为，消费者购买产品和服务是希望它们能够替代那些能真正使人们幸福的因素。本章将探讨消费是否损害了人们的幸福感，以及幸福感与消费之间的关系是否适用于所有类型的购物体验。

为获得幸福而购物

人们的消费动机取决于所购买产品和服务的类型。大多数购买行为都有一个共同点，那就是人们不再单纯出于实用目的而消费；相反，他们购买产品和服务可能是为了诠释真实的自我、获得社会地位，或者希望获得幸福。然而，对于"为幸福而购物"这一动机是否适用于实用的商品，如真空吸尘器及其他大量快销品，还值得商榷。

有些人认为，由于现有的消费文化鼓励人们追求物质，并强调物质的舒适会带来幸福，因此人们会试图通过消费来获取幸福。这也许能够在一定程度上解释为什么追寻愉悦感或自我满足感的人往往会疯狂地"买买买"。

为了销售某种产品或服务，营销者的惯用策略是鼓励消费者为幸福而消费。由于每个人都想要拥有幸福，因此营销者会直接或间接地向消费者呼吁：购买某些产品更有可能获得幸福。在间接使用这一方式时，营销者会以广告的形式告知消费者，购买某一产品能让他们在哪些方面获得幸福。例如，香水广告可能暗示使用这款香水能够让消费者变得对异性更有吸引力。如果是直接使用这种策略，那营销者会简单明了地告诉消费者购买某产品或品牌会让他们幸福。在塞恩斯伯里超市的购物手推车上，你可以看到福克斯饼干的小广告——"一包饼干，能为你带来满满的幸福感"（如图 12-1 所示）——这就是将幸福感作为营销因素的一个例子。但是，消费真的能够让人感到幸福吗？

该广告试图说服消费者，购买饼干可以让他们感到幸福

图 12-1　说服消费者相信产品能够使其幸福

是什么让人们感到幸福，这本身就是一个世纪难题，如果将这个问题延伸为"如何具体解释消费对幸福感的影响"，那么它就变得更加复杂。尽管如此，仍有许多心理学家试图探索两者之间的关系。但是，迄今为止，许多心理学家都选择关注消费的负面影响，而不是尝试探究消费活动是否会对幸福产生积极影响。

幸福是什么

幸福是什么？对此的定义不止一种。因此，心理学家和营销者对"幸福"一词的用法有所不同也就不足为奇了。心理学家的研究主要基于这样一个假设，即幸福等同于整体生活满意度，而营销者则经常把幸福与顾客对所购产品和服务的满意度联系起来。然而，幸福感并不一定等同于消费者的满意度；相反，不如将消费者的幸福感视为消费活动的总和，这些活动受到消费者的积极情绪或消极情绪的影响，而这些情绪体验反过来又会让人们自我感觉良好或糟糕。

真正让人们幸福的事物往往不是他们想当然的幸福之源。例如，研究发现，人们高估了高收入对幸福感的影响，因为目前研究表明，幸福感与高收入之间的相关水平并不高。遗憾的是，人们常常低估人际交往的重要性，因为很多研究证实人际交往可以让人更幸福。

衡量幸福

幸福往往通过主观幸福感来衡量。许多人认为这是一种评估个体对其生活总体满意度的方法。评估的手段多种多样，有图像形式也有问卷形式，它们本质上是相同的，旨在了解人们对生活的感受。总的来说，让人们产生幸福感的因素很复杂，许多变量在其中起作用。然而，是否有可能对另一种幸福模式——一种不必持久和改变生活的幸福进行探索？

争论是否存在"整体生活幸福感"是毫无必要的，因为这是毋庸置疑的。真正值得思考的是，整体生活满意度是否能够决定消费者从某些产品和服务中体验到短暂的幸福时刻。其实，大多数人都曾在某一时刻从消费活动中体验到美好的感受，也许是一顿美餐、一次按摩，甚至只是一杯好喝的咖啡，但问题是它们能否被定义为短暂的幸福时刻。如果这些体验是幸福的一种形式，那么也许大多数衡量幸福的方式都不能准确评估消费是否能让人幸福。

不良消费

自 20 世纪 90 年代初以来，关于消费对个体造成负面影响的调查研究越来越多。如果这种负面影响是消费者自身的原因所致，那问题就变得简单多了，但现实情况并非如此。事实上，工业化社会普遍鼓励人们消费，无论他们拥有的物质是否已经超出实际需要。火热的市场营销活动使人们相信，购买更多产品能够改善他们的生活，使他们更幸福。我们周围的人也时常抱有同样的心态，通过观察他们的消费行为，可以得出这样的假设：拥有无尽的物质财富是生活的常态。因此，许多人认为，要想让自己受欢迎，必须在这方面参与竞争（并胜出）。

电视节目也会强化消费者的这种感觉，即拥有某些物质财富很重要。然而，遗憾的是，这还不是过度看电视的唯一问题。众所周知，看电视是一种常见的消费行为，许多人沉迷于其中。有鉴于此，一些人推测，这可能是因为它已经成为人们的一种生活习惯，甚至是瘾好。但无论是看电视成瘾，还是社交减少造成的孤独感，都表明过度看电视会降低整体生活满意度，进而在某种程度上降低人们的幸福感。由此可见，还需进行更多的研究，以确定是哪些特定的消费活动降低了人们的整体生活满意度。

还有一些因素清楚地证明消费可能会产生负面影响，特别是当人们变得高度物质主义或对消费上瘾的时候。你会发现，高度物质主义的人和购物狂之间有许多相似之处。

消费者的物质主义倾向

有些产品的消费显然会以某种形式给消费者带来痛苦。但尽管如此，由于消费者的行为往往是非理性的，他们依然会选择这样的消费活动。这一点在酒精、毒品和烟草的消费中表现得尤为明显，这些产品会导致消费者形成无法控制的习惯。然而，并不是只有某些特定的产品才会以某种形式造成痛苦；所有类型的产品，一旦被过度使用，都会给消费者带来负面影响，这就是物质主义的本质所在。

物质主义可以被定义为"消费者对世俗财产的重视"。关于人们持有高度物质主义价值取向会带来多大的害处，很多学者都曾发表过看法。他们普遍认为最严重的影响之一是，人们可能会持有更多的信用卡，并因此陷入债务危机，从而对心理健康和实际生活造成不良影响。

那些物质主义的人似乎是在试图利用产品和服务来补偿他们生活中缺失的东西。例如，那些在童年时代社会经济地位较低或父母离异的人，在以后的生活中更有可能变得物质至上。

不同人开始信奉物质主义的时间不同：有些人是在儿童期就变得物质主义的，而另一些人则是成年后才如此。研究发现，青少年比低龄儿童表现出了更高程度的物质主义价值观。这表明同伴的压力、独立的愿望、父母支持的缺乏和早年拥有财产的多少都可能是导致人们变得物质主义的因素。

对于成年人，我们通常会把物质主义与那些不快乐、严重自我怀疑以及对生活感到恐惧的人联系在一起。这些因素可能起源于个体在儿童期的经历，因此，物质主义实际是已经存在的价值观和信仰的反映。然而，另一种可能是，当人们的生活遇到困境时，他们会寻找一种快速的办法来安慰自己，比如购买一些让自己感觉更好的东西，这与早期的生活经历无关；也可能是参与其他的日常活动，如看电视，间接鼓励消费行为以寻求安慰。研究发现，那些花大量时间看电视的人更可能认为物质财富很重要，这可能是他们利用物质财富让自己感觉更好的一个原因。

研究发现，物质主义者容易陷入负债累累的窘境，他们用消费来弥补童年的缺失，或将其作为成年后的"提神剂"。这些事实清楚地表明，物质主义并不是一种积极因素。鉴于此，我们可能倾向于认为消费不利于人们的幸福感。

强迫性消费

强迫性消费行为并不常见，但每个人可能都或多或少地听闻过这种行为。据统计，在不同国家，强迫性购物者的数量各不相同，在英国大约有 50 万人，而在美国的人口占比约为 5.9% ~ 10%。此外，研究人员通过纵向数据对比发现，自 1991 年以来，德国强迫性购物者的人数大幅增加。这些数据表明，强迫性消费行为正在愈演愈烈。

然而，还有一种可能是，人们对强迫性消费的普遍认知可能恰恰是越来越多人被诊断患有强迫症购物障碍的根本原因。最近几年，媒体着重撰写了很多解释"购物狂"含义的文章。也许在不经意间，这就加深了心理学家以及有这种行为表现的人对"购物狂"的认知，那些症状较严重的人也因此更有可能寻求专业帮助。

虽然目前关于什么是"强迫性消费"还没有形成统一的定义，但一般认为它是一种在某种程度上具有破坏性的非自愿消费行为。大多数强迫性购物者会花费大量时间和金钱购买通常并不需要的产品，平均而言，他们一般每周购物两到三次（具体频率视个人情况而定），并会长期这样做，不管对生活有何负面影响。

强迫性购物者的一个常见问题是负债，这种情况很可能会因信贷很容易而进一步加剧。他们也可能陷入其他困境，如卷入贪污事件或丧失社会关系。

谁会对购物上瘾

有证据表明，高度物质主义的人更容易对购物上瘾。因此，人们对物质财富的重视程度似乎是购物上瘾的原因之一，但至今还没有足够的证据支持这一结论。可以确定的是，在低自尊和强迫性消费之间确实存在一定的联系，而这反过来也初步解释了高度物质主义和购物上瘾之间的关系——人们可能认为，他们只有拥有某些物品才能拥有自信。

此外，研究人员发现，那些自恋的人更容易陷入成瘾性消费陷阱，这是由于他们认为一旦拥有某些特定物品，就能得到他人的崇拜，而他们渴望被崇拜。

良性消费

到目前为止，本章阐释的消费与幸福之间的关系似乎都是消极的。然而，人们的消费行为并不总是如我们所提到的那样会带来各种消极后果。首先，需要指出的是，人们之所以长期认为消费行为与幸福指数之间呈负相关，可能与以下事实有关：人们往往无法准确地衡量自己的幸福感，而且也不知道自己的幸福感水平是由什么因素所致。衡量人们幸福感水平的最简单的方法是直接询问他们，但是如果人们确实不知道幸福的原因，那就不能说研究发现的相关性等同于因果关系。这是相关性研究中的常见问题：即使二者之间存在显著关系，也不代表一个因素直接导致了另一个因素。

需要指明的第二点是，以上研究的幸福与消费之间的关系并不一定代表所有类型的消费。研究往往没有考虑到消费的一些较小的影响，而这些影响未必会降低人们的幸福感。例如，当衡量物质主义价值取向和幸福感之间的关系时，如果问人们去某个地方度假是否让他们感到更放松、更精力充沛、短时间内更快乐，那么得出的结果可能会有所不同。也许对于"消费和幸福"这一主题的研究，应该较少地关注物质产品的积累（这是物质主义价值取向的核心），而更多地关注替代性的非持续性消费是否能让他们自我感觉更好。迄今为止，这方面的研究还不多。然而，有一些数据表明，消费并不一定有损消费者的幸福感。

为什么不应该总是从消极的角度来看待消费，为什么消费可以增加幸福感？我们或许可以从以下几方面进行讨论：消费的进化观点、对不同类型消费活动的区分、过往经历的影响以及如何通过营销技巧增强消费者的幸福感。

消费是进化的一部分

如果消费只是进化过程中的一部分呢？如果消费真的对人类有所帮助呢？考虑到消费允许人类使用产品，并以某种方式与其他物种区分开来，它就理应被认为是积极的吗？

基于达尔文的进化论，进化心理学家提出可以用人类如何适应不断变化的环境来解释其行为。例如，一个常见的区别是男女之间的性别角色差异。这可以解释为几百年来男人和女人如何面对不同的挑战，如何适应并应对这些挑战，从而生存下来并通过繁殖延续基因。根据进化心理学家的说法，繁衍后代是人生的主要追求之一。从这个角度看，消费者可能有一种与生俱来的欲望，即拥有产品和服务，向他人发出自己是理想伴侣的信号，这意味着消费在进化过程中发挥了一种实用功能。例如，女性很容易觉得那些开昂贵汽车、戴名牌手表的男人更有能力照顾她们的后代。因此，相比没有展现出同等财富的男人，他们会被视为更理想的伴侣。

进化过程也可以解释为什么同样生活在消费社会，有些人会受到消极影响，而另一些人却不会。请记住，进化论表明，只有适者才能生存和繁衍，那些落入"有害消费陷阱"的人可能根本不打算延续他们的基因。虽然目前难以证明物质财富是进化过程中的一个要素，但并非没有这种可能。

不同类型的消费

研究表明，在试图确定消费对人们整体幸福感的影响时，有必要区分不同类型的消费。有一种与幸福感相关的特定消费类型是购买体验，而非实际物品。范·波文（Van Boven）和季洛维奇（Gilovich）于2003年通过一系列独立研究对此展开了调查。在其中一项研究中，他们想要搞清楚购买生活体验而非物质产品是否会让人更快乐。97名被试被要求描述和评估最近花100美元以上购买的体验和物质产品。结果显示，体验式消费让人更快乐，并且被视为一种比物质消费更好的投资。这些发现也得到了后续研究的支持，该研究选择了更多样化的研究对象，包括来自不同文化背景和不同社会经济群体的1263名男性和女性。研究清楚地表明，某些类型的消费可以有助于提升消费者的整体幸福感。但需要注意的是，这并不等于说物质财富不能带给人幸福感。

为何体验式消费会让人感到幸福

这三种回答也许可以解释为什么体验式消费会让人感到幸福。

首先，体验更有可能被消费者以积极的方式解读。即使实际情况并非那么美好，但当人们回忆起"那段美好时光"时，也往往会觉得很快乐。事实上这种情况经常发生。例如，在访问美国内华达州时，我计划了一次去大峡谷的旅行，中间需要乘坐飞机、直升机和轮船等各种交通工具。我热切地期待着这次奇妙的体验，然而，旅行社把事情搞得一团糟，我只乘飞机在大峡谷的上空短暂飞过。与我原先的计划相比，这太令人失望了。尽管这次体验本身并不尽如人意，但我现在还常常满怀深情地回忆起我的内华达之旅，因为当我回忆时，我更倾向于把注意集中在大峡谷的壮丽景色上，而不是我当时感受到的失望。这种情况并不少见，消费者往往会在事后改变对事件的记忆，以更积极的方式回忆它们。因此，他们对体验式消费和物质产品消费的记忆方式是不同的。

其次，体验可以培养良好的社交关系。上述的大峡谷之旅曾多次成为我在社交聚会上的话题。告诉别人你的生活经历有助于发展社交关系，因为它可以开启谈话并延长交流时间。然而，当你和朋友出去喝酒的时候，你不太可能谈论你刚买的毛衣，即使你这样做了，他们也不太可能以积极的方式回应你。这是因为人们普遍对热爱体验的人持积极的刻板印象，而对那些被认为物质主义的人持消极的刻板印象。

体验式消费能够促进社交关系的另一个原因是，大多数此类活动都是与其他人一起进行的。例如，比起买毛衣或洗发水等实用产品，我们去旅行或看电影时更可能与人结伴前往。

最后，不同的体验之间很难有优劣之分。社会比较方面的研究表明，当人们以某种方式与他人进行比较时，可能会产生消极情绪。例如，如果你发现你最好的朋友、同事或邻居的加薪幅度比你的高，那么加薪似乎就不再那么令人开心了。因此，由于社会比较，一些本应让你感觉良好的事情却让你产生了糟糕的感觉，同样，产品消费也是如此。大多数消费者对他们购买的产品有着不切实际的期望，当产品没有达到期望时，他们就会产生不满和不愉快的情绪。然而，由于很难用加薪和产品消费那样的比较方式让不同的体验一较高下，因此，体验式消费不太可能令人感到不快。

营销策略对幸福感的影响

研究人员发现，某些营销活动会运用一些策略来确保整体的消费体验是令人满意的，进而影响消费者的幸福感。下面将讨论三种营销策略：（1）使用自传式广告，以确保先前的某种消极消费体验不会掩盖未来的积极消费体验；（2）价格对产品功效的"影响"；（3）过多的选择如何影响消费者的幸福感。

自传式广告

先前的体验可以在感知特定类型的消费中发挥重要作用。例如，如果你关于吃豌豆有一些不好的记忆，那么这自然会对你将来对吃豌豆的态度和感受产生消极影响。这种情况经常发生，即使这份记忆与豌豆本身没有任何直接的联系，可能只是因为你小时候吃豌豆时遭到了父母的训斥，于是形成了一种负面联想。

如果某种消费活动本来可以成为美好的体验，但消费者仅仅凭借某个糟糕的事件就决定了是否再次参与其中，在这种情形下，负面记忆造成的影响尤为遗憾。这些负面记忆成为消费者幸福道路上的障碍，可能导致他们拒绝参与本可以提升自己整体幸福感的消费体验；这样一来，负面记忆的消极作用就体现得更为明显。

如果人们以前的负面记忆影响了他们对产品或品牌的看法，那么似乎不太可能改变他们对产品体验的看法。然而，广告研究表明，通过自传式广告（即可以重现个人过去经历的场景）来改变人们的记忆是可行的。这一点已经得到了一项研究的证实。这项研究测试了自传式广告营造的怀旧氛围是否能使人们相信自己经历了广告中看到的情景。研究人员向被试展示了一则迪士尼广告，上面暗示他们在童年时曾与"兔八哥"握手。尽管"兔八哥"只是华纳兄弟公司创作的一个卡通角色，但研究发现，人们会因此认为自己真的曾在迪士尼乐园与"兔八哥"握过手，这表明使用自传式广告确实可以改变人们的记忆。这很可能是因为广告的暗示作用帮助消费者重构了过去的记忆。我们需要明白，记忆是可建构的，当营销者想要消费者以积极的方式看待某些体验或产品时，他们可以利用自传形象与消费者之间建立起良好的关系。

价格

令人困惑的是，研究表明，产品的价格会影响消费者的使用体验，并反过来影响他们对产品的正面评价和满意程度。研究发现，产品价格可以作为一种安慰剂，激发人们对该产品的功效产生某些期望。在一项由三个独立实验组成的研究中，研究者发现，与全价购买能量饮料的消费者相比，以折扣价购买能量饮料的消费者在解决难题时表现不佳、解题数目较少（如图 12–2 所示），从而证明了价格的安慰剂效应。然而，能量饮料本身是能够使人们的精神更加振奋的。

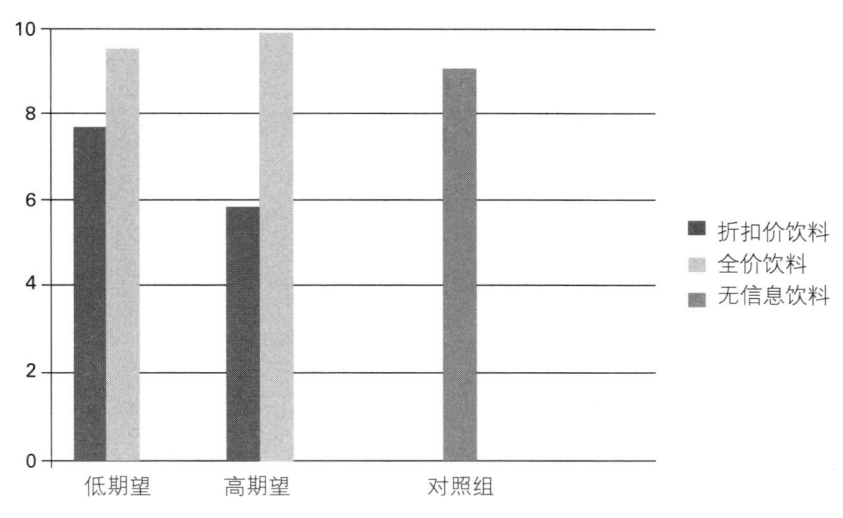

图 12–2　价格对解题表现的影响

鉴于营销活动可以在无意识中影响产品的使用效果，它也可能影响消费者对所购产品的满意程度。如果消费者认为某产品不如竞争品牌，那么他们的满意度和重复购买的可能性就会降低。这些想法还可能会让消费者产生不愉快的感觉，即暂时的幸福感降低。反之，如果消费者对购买的产品感到满意，就不太可能体验到不愉快的感觉。

选择

"选择"的经济学方法基于这样一个假设：当有大量产品可供选择时，人们有更好的机会满足个人需求。从经济学的角度来看，人们有自由选择任何想要的东西，这一事实应该会使其生活满意度得以提升。从心理学的角度来看，一些微不足道的因素（比如可供选择的数量）对消费者整体幸福感的影响似乎并不明显，然而，有些研究表明，这些小因素对个人的感受还是会产生一定的影响。

研究发现，过多的选择会让人失去动力。相较于只从几个选项中做选择，选择过多会使消费者更容易产生不满。这很可能是因为，当可选产品过多时，选择过程也相应变得复杂得多。甚至在某些情况下，只要需要做选择，消费者就会感到不快乐，尤其是当两种选择一样好时。因为他们不得不面对这样一个事实，即两种选择都有局限性，只有全选才能满足自己的需求，所以，无论他们怎么选，都会感觉似乎错过了另一种选择所带来的好处。在这种情况下，无论做出何种选择，消费者都会感到不满意。要想避免这种情况的发生，一种方法是不深思熟虑（快速选择），这样就不会充分意识到自己可能错过什么。然而，对于那些想要将购物中所得利益最大化的消费者来说，很难不去仔细考虑各种选项。当有过多的产品可供选择时，消费者也特别容易对自己的选择感到不满。

另一种克服人们对多种选择感到不安的方法是让他人替自己做决定。这尤其适用于所有的选择似乎都不可取的情况。在不理想的选项之间做选择会诱发负面情绪，就像在两个优质选项之间做选择一样，同样会使消费者在做出决定后感到不安。

总而言之，过多的选择看似一项优厚的福利，然而，选择数量与幸福感之间并非呈线性关系；相反，有专家指出这种关系更像一个倒 U 形曲线（如图 12-3 所示）。

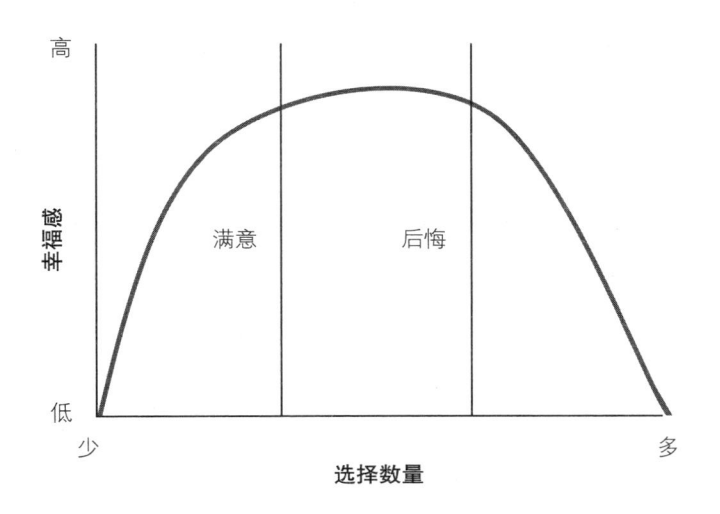

[图表：倒U形曲线，纵轴为"幸福感"（低到高），横轴为"选择数量"（少到多），中间区域标有"满意"和"后悔"]

倒U形曲线图由三部分组成：（1）左侧向上倾斜，表示随着选择增加，消费者的满意度不断上升；（2）中间段较平坦；（3）右侧向下倾斜，表明在选择数量令消费者最满意之后，随着选择继续增加，消费者的满意度开始下降。

图 12–3 选择数量与幸福感的关系

消费是否给我们带来了幸福

很难说消费给我们带来的是幸福还是不幸。众多研究似乎表明，消费是提升还是降低整体幸福感，取决于研究的消费活动类型。幸福有不同的层次：一种能够提升你的整体生活感受；另一种是短暂的幸福感，一般源于即时的满足。总体而言，幸福不太可能通过物质的积累来实现，但短暂的幸福感很可能可以通过消费来实现。持续的生活满意度更可能取决于良好的社交关系等因素。然而，需要说明的是，一些消费活动不仅有助于消费者维持现有的社交关系，还可以帮助他们发展新的社交关系。

好事太多也会令人痛苦，这一点从过度消费的事例中可以看出。即使每个人都能随时买到自己想要的东西，也不太可能存在"消费天堂"。如果你能在没有任何条件的限制下，随时得到任何你想要的东西，那很可能会让你欣喜不已，但这种喜悦只能维持一段短暂的时间，因为你很快就会适应这种状况，不再觉得有什么特别之处。这意味着它已经成了一种常态，无法再提升你的幸福感。

小结 》》》

为了得到幸福，人们不断地买买买。然而，能否通过消费获得幸福，主要取决于如何定义和衡量幸福。研究表明，那些高度物质主义或有强迫性购买行为的人通常并不幸福。物质至上的人希望用产品或服务来弥补生活中的缺失，而强迫性购物者往往会背上沉重的债务。对那些受到消费负面影响的人的关注，可能会让我们觉得消费是魔鬼的化身。然而，消费可能只是人类进化历程中的一部分——强者更能应对不好的情况，以将基因传递下去。

度假等体验式消费能让人心情愉悦，这是因为这种消费可以被以积极的方式解读，有助于培养社交关系，也更不容易受到社会比较的影响。营销者可以通过使用自传式广告、设定有竞争力的价格、减少可供选择的产品数量来提升消费者的消费体验。

想一想 / CONSUMER PSYCHOLOGY

1. 向消费者提供大量产品或品牌选择是一个好主意吗？在竞争激烈的市场中，有没有可能控制消费者的选择数量？

2. 为了确保消费者愉快地购物，营销者可以做些什么？

3. 为什么高度物质主义的人通常不幸福？

4. 我们是否可以用强迫性购物者的例子来证明消费会降低人们的幸福感？

5. 人们为什么会感到不幸福，是因为消费本身还是其他潜在的原因？

CHAPTER 13

第 13 章

为什么商家的环保牌屡试不爽

消费心理学家通常不讨论消费对环境的影响。然而，我们需要认识到，那些由媒体、活动团体和各国政府发起的生态运动不仅影响消费者对某些产品和服务的看法，还影响他们参与环保工作的意愿；它们对产品的销售和制造方式的影响也同样重要。本章旨在探讨各种与环境相关的消费，从而揭示消费行为与环境之间的关系。

环境问题

世界各地的人们对环境问题的兴趣日益浓厚，这一点从报纸上发表的文章数量以及艾伯特·戈尔（Albert Gore）等人的作品中可见一斑，比如他曾拍摄过一部名为《难以忽视的真相》（*An Inconvenient Truth*）的电影（该作品帮助他获得了诺贝尔奖）。因此，人们的环保意识确实会对消费行业造成影响。如今，许多企业都意识到消费者十分关心环境问题，因此它们尽力地向消费者展示产品中蕴含的环保理念。企业参与环境改善的计划也印证了这一事实。例如，GAP公司在购物袋底部印了一项声明，称它们含有"15%的回收材料"，而普里马克公司则称其购物袋"100%由回收材料制成，而且可生物降解"。还有的公司（如星巴克）在包装袋上印上了"关心环境"之类的宣传语。

消费者普遍关心环境问题。研究表明，女性消费者比男性消费者的关心程度更高。然而，鲜有环保标准较高的产品在同类产品中处于畅销品牌之列，这表明消费者的实际行为往往与其价值观念相悖。这不禁让人想问，为什么人们不购买环保产品，以及如何才能让他们购买这类产品呢？

消费对于环境的影响

在过去10年间，有很多关于"消费行为如何严重影响环境"的文章。事实上，在当今社会，人们已习惯拥有手机、洗衣机、微波炉、电视和电脑，以至于如果没有这些，他们都无法正常生活。不幸的是，上述所有产品（连同大多数未提及的其他产品与服务）都以某种方式破坏着我们的环境。自 20 世纪 90 年代末以来，仅在英国，就有数据显示大量产品的消费在稳步增长（如图 13-1 所示），而且似乎没有放缓的迹象。再加上其他几个国家的消费增长，很容易就能看出消费是导致环境问题的罪魁祸首。更糟糕的是，世界上一小部分人（约 20%）使用了地球上大部分不可再生资源（约 80%）。随着大量工业化程度较低的国家努力达到与先进国家相同的消费水平，对自然资源的破坏必然是毁灭性的。

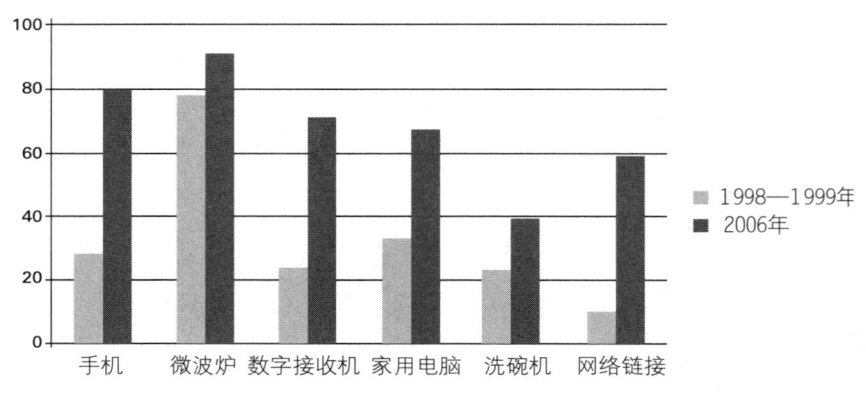

图 13-1　1998—1999 年以及 2006 年耐用消费品增长率（百分比）

本书无法全面地从所有角度分析消费与环境之间的利害关系。以下内容仅从几个方面简要分析消费对环境的不利影响。

自然资源枯竭

据估计，若全世界的人均自然资源消耗量与目前西方社会的人均消耗量一样多，那么至少需要三个地球的资源才足够，这是相当可怕的。考虑到许多发展中国家的消费速度正在快速增长，导致自然资源加速消耗，这一点更令人担忧。多种自然资源正濒临耗竭或迅速减少，其中最常被关注的是石油与森林。

石油是许多人都特别关心的自然资源之一。如果地球上的石油耗尽，那运输行业将会受到特别严重的影响，运输量会急剧下降。在所有的出行方式中，飞行是最耗油的一种，但坏消息是越来越多的人选择乘坐飞机出行。人类（尤其是欧洲人）从来没有像现在这样高频地乘坐飞机，来"确保"石油资源迅速减少。当然，其他地区也将遭受石油供应严重短缺的负面影响，因为石油被广泛应用于许多行业，比如加热与制造各种产品。

不同国家的石油消耗量差异很大。例如，美国每年人均消费约 18 桶石油，而澳大利亚每年人均消费约 6 桶石油。有人认为，一旦世界上的石油和水资源濒临耗尽，就很可能爆发国家之间的冲突，战争将不可避免。还有一些人则认为，这种情况在伊拉克战争中早已成为现实。

森林砍伐是消费引发的另一个环境问题。纸张的消费是造成世界森林减少的一个重要原因。每年，数以亿计的邮购目录、垃圾邮件、报纸、杂志、圣诞卡、购物袋、信纸等都被白白扔掉。大多数纸质产品被用于包装等用途，无法长时间使用，因此很快就被人们丢弃。许多人似乎认为，随着计算机的广泛应用，纸张的使用将大大减少。但事实上，纸张的使用自 20 世纪 90 年代初以来不仅没有减少，反而在不断增加（如图 13–2 所示）。

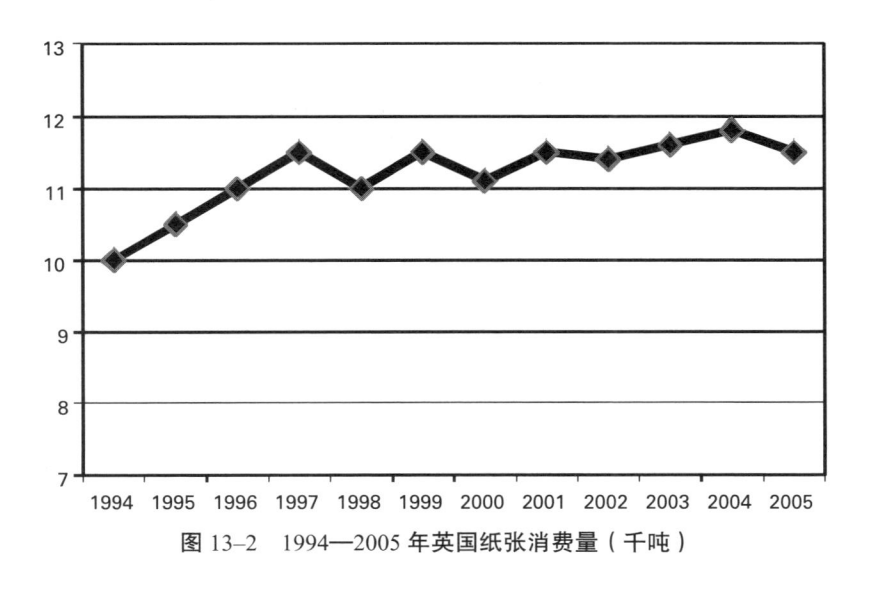

图 13–2　1994—2005 年英国纸张消费量（千吨）

人们应该担心森林砍伐的问题，因为森林会制造氧气，同时还能吸收碳排放、保护野生动物、防止山体滑坡与洪水。因此，世界上一旦没有了森林，就会出现严重的生态失衡。

全球变暖

由于二氧化碳的过度排放，我们的地球家园正在逐渐变暖。石油、天然气和木材等有机物的燃烧会释放出更多的二氧化碳，阻止热空气的散发，同时增强暖阳的照射，从而导致地球变暖。气温升高可能导致世界各地出现洪灾、极端干旱及严重风暴。有人甚至认为，全球变暖会导致南极西部的冰盖融化，这意味着美国大部分地区（如新奥尔良和纽约）将被淹没。现实情况是，南极冰层已经开始融化，仅 1950—1999 年间，地球的温度就上升了 0.51℃，而 1866—1950 年间却只上升了 0.57℃，因此，不难想象整个南极西部冰盖的融化将导致怎样严重的后果。

有些与消费相关的行为加剧了全球变暖，比如产品制造和使用燃气供暖。此外，交通运输也是如此，它不仅会导致资源枯竭，而且还会导致碳排放快速增长。1971 年，52% 的英国家庭拥有私家车，而 2004 年这一比例为 75%，增加了 23%。同期，拥有两辆或两辆以上汽车的家庭从 8% 增至 31%。欧洲的总人口只有美国的一半左右，这意味着美国的碳排放量会更高。

可持续性

在有关环境友好型消费的研究中，"可持续性消费"可谓时下热词。"可持续性"的定义是"一种使用世界资源的方式，可使人类得以在地球上继续生存，并拥有足够好的生活质量"。值得注意的是，可持续性消费不是减少消费，而是以高效的方式消费。最近，各国政府和学者对可持续性消费的关注点都在于转变生产商品的方式，使其更有利于环境。

要实现可持续性消费并不容易。有人认为，只有在不与国家的经济增长相冲突的情况下，这种做法才能得到支持。然而遗憾的是，要想使大多数人都意识到某些环境问题，政府往往需要制定更严格的政策。但由于政府总是把经济增长的目标放在首位，因此促进可持续性消费的政策力度必然有限。但也不必对此过分纠结，因为可持续性消费并不一定是解决世界面临的生态问题的真正办法。考虑到石油等资源的不可再生性，无论以何种形式使用它们，它们都只会持续减少，一旦用完，就将永远消失，因此可持续性消费的实际效果值得考量。尽管可持续性消费不足以从根本上解决所有的环境问题，但却可能有助于解决一些与消费者有关的问题，并提高人们对环境的认知水平。

回收利用

回收利用是可持续性消费的重要组成部分。产品的回收方式取决于它的种类。有些产品能够在生产其他商品时（全部或部分）重复利用，有些则会被捐赠给慈善商店或在跳蚤市场出售（被称为横向回收利用）。一般来讲，环保主义者最关心的是那些本可有效重复利用，却由于某种原因最终被直接扔进垃圾箱的产品。

产品回收利用的最大障碍似乎与操作的难易程度有关。研究发现，不管人们是否认识到回收利用的重要性，一旦他们认为很难操作，回收利用的可能性就会很小。因此，在很多大城市的街角都设有回收点，以降低回收利用的难度。虽然降低操作难度能激励消费者回收利用，但更重要的是他们必须从心底里相信这样做是在保护环境。如果认为这样做不会有什么效果，那么即使很容易做到，他们也不太可能付诸行动。然而，引导消费者形成环保观念并非易事。

在多数西方国家，尽管回收利用率正在提高，但它们本可以比现在更高。各个国家在回收利用率和回收利用类型方面几乎没有统一的标准，这可能是由于文化差异导致了消费方式的不同。希腊是欧盟回收利用率最低的国家，爱尔兰紧随其后。奥地利、德国和荷兰则属于回收利用率较高的国家。在英国，虽然大部分废弃物被归类为生活垃圾（如图 13-3 所示），但其中很大一部分是可以回收利用的。

尽管人们回收利用的意识很强，但大多数国家的回收利用工作还有待提高。

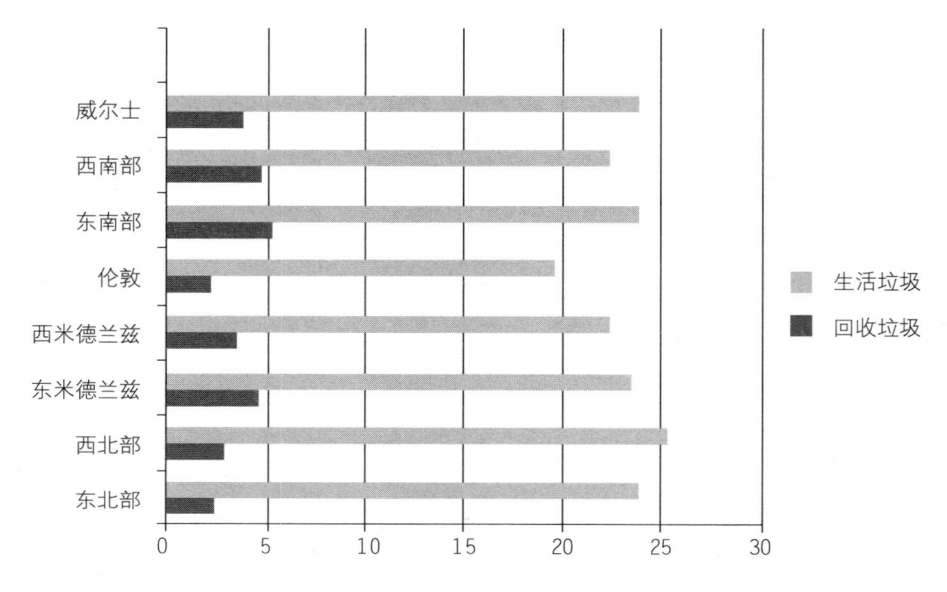

图 13-3　英国的垃圾回收利用比例情况（2003—2004 年）

注：生活垃圾及回收比例（以每户每周千克计）。

环保产品：一个复杂的问题

什么是环境友好型消费？很难对此进行简单的定义。有人说，有机产品对环境有好处，而其他人则可能关注产品是否可以回收利用，或在生产过程中产生的二氧化碳排放量有多少。然而，即使消费者确切地知道他们购买的产品或享受的服务代表着什么，也未必总会选择最环保的那一种。例如，消费者也许更青睐有机食品，但在购买时却可能不会检查产地，导致最后选购了进口食品。这样一来，消费者购买的食品很有可能会对环境造成不必要的污染。由于"做出完全知情的消费决定"是一个复杂的过程，因此消费者通常很难如此做决策，也许这就是他们难以一直对环保产品持积极态度的原因。因为他们意识到，可能无法以自己想要的方式为环境保护做出贡献。

消费者如何看待环保产品

很明显，人们在看待环保产品的问题上存在文化差异。这也许反映出一个事实：不同国家处理环境问题的方式不同。例如，有专家指出，德国消费者认为人类是生态系统不可分割的一部分，而北美洲的消费者则渴望去掌控大自然。因此，也就不难理解为什么美国消费者会认为在道德层面上更优秀的产品（包括由可降解的回收材料制成的产品，或象征公平劳动的产品等）不如其他产品的使用效果好。而北欧人似乎比美国人更看好环保产品。例如，瑞典消费者对有机产品的态度更为积极，但遗憾的是，这种对环境友好型产品与服务的积极态度并不一定转化为消费行为。这不仅因为态度并不总能决定行为，还可能有其他原因，比如消费者很难准确地识别环保产品，以至于更难做出购买决定（他们原本就难以在众多品类中选择）。这种情况在食品行业也是如此，然而它却往往被认为是一个消费者可以对环境保护做出贡献的领域。在许多国家（如英国、德国和奥地利）生产的食品上都附有标签，用以表明其是否有机生产或有机养殖的。然而，也许消费者想要了解更多，比如运输距离或保存措施，但这些在食品包装上却没有明确的标签，从而导致消费者难以选择。有专家建议，一种简化环保产品与服务选择过程的方法是使用统一的标签，避免向消费者展示过多的产品维度。

非环保消费能否减少

迄今为止，尽管人们对环保消费越来越感兴趣，但心理学家们对如何减少非环保消费的研究并不多。这并不是说，在培养有利于生态系统的消费者意识与行为时，还没有有效的方法可以使用。过去使用的那些源于社会学习理论、认知主义和行为主义理论的方法，同样可以帮助我们了解如何鼓励更多的环保消费。

社会学习理论的方法

有专家建议，为了理解与阐释与环境有关的行为，我们必须了解所处的社会环境。毫无疑问，人们之所以会受到社会环境的影响，是因为他们希望以某种方式被他人感知。因此，他们会模仿自己崇拜和尊重的人，从而形成环境友好型的消费观念。例如，研究发现，那些社会化过程的产物，如与他人保持亲密、友善的关系，与人们是否偏好合乎道德的产品有关。

榜样示范法是使人们对环保消费感兴趣的方法之一。在替代学习的过程中，人们观察一个现实生活中的或象征性的榜样，并模仿其态度、行为与情感反应。那些因做出某种行为而得到奖赏的人最有可能激励他人进行模仿。例如，对于一个广受欢迎的名人倡导禁止捕鲸，人们会把两者联系起来，认为拯救鲸鱼是件好事。由于人们在潜意识中不断地将自己与他人进行比较，特别是与他们喜欢和欣赏的人比较，因此在促进环保消费的过程中，榜样的力量是很强大的。同理，利用名人（也许是通过广告）来说服消费者改变他们的购物模式也可能会达到预期的效果。

此外，鼓励人们不与过度消费的人群进行比较也是一种减少非环保消费的方法。攀比往往会增强或损害人们的自尊心。在工业化社会中，人们普遍重视物质财富，当看到他人拥有自己可望而不可即的事物时可能会心生不满。在公众眼中，那些特别喜欢穿着名牌服装、去国外度假享受异国风情或开着名贵汽车的人，往往是过度消费的典型。这样的"榜样"不仅会使人们感到不适，而且还会阻碍他们减少消费（因为人都有攀比心理），这反过来又会降低他们进行环保消费的可能性。

还有一种方法是让消费者意识到他们的消费行为偏离了常规。史丹利·沙赫特（Stanley Schachter）1951年发现，那些与整个群体观念不同的人往往会承受很大的社会压力。如果他们无法与群体保持一致，就可能会遭到排斥。因此，如果环保消费成为一种常态，可能会迫使那些没有参与其中的人也这样做，否则他们就可能受到冷落和排斥。然而，这并不容易做到，尤其是因为目前大多数群体所持的准则是：允许积累物质财富，忽视产品的道德标准。

认知主义的方法

认知主义的方法强调以特定的方式构建和呈现信息，从而影响受众的处理过程和感知。为了鼓励环保消费，必须改变人们对环保产品与服务的看法，其中一种方式就是教育。环境教育可以通过多种不同的方式来进行，如传统的学校教育、广告宣传、小组讨论或媒体呼吁等。教育常常被认为是改变人们对某个特定领域的想法和态度的关键，但遗憾的是，其成效还有待证实，这似乎与使用的教育方法无关。盖勒（Geller）于1981年发现，组织教育研讨会对减少能源使用几乎没有作用；希伯来恩（Heberlein）于1975年指出，为人们提供关于如何节约能源的宣传手册也是徒劳。然而，有时教育信息确实会对个人产生影响，只是由于其他种种原因，这种方式被认为是不成功的。例如，西姆（Syme）、塞利格曼（Seligman）、坎托拉（Kantola）与麦克弗森（Macpherson）于1987年对电视上播放的环保信息进行的调研就证明了这一点。他们对一项为期四周的密集的电视宣传活动的效果进行了研究，该活动旨在宣传如何减少澳大利亚三个城市的汽油消耗。其中一部分活动强调节约开支，另一部分活动则指出此举将使人们成为"好公民"。尽管从统计数据上看，宣传力度与受众所持节约能源的态度强度之间存在一定的相关性，但研究人员得出的结论是，这些活动并不具高性价比。

因此，消费者持有支持环保的态度但却没有做出实际的环保行为，也不一定是因为缺乏教育。很可能是当他们想要改变消费行为时，某些社会因素阻止了他们，比如公共交通无法到达城外的购物中心，他们只能开车前往。

教育效果不理想的其他原因可能是环保信息的呈现方式有误，或者提供给人们的时机与方式不正确。可能是展示的信息没有使用形象生动性刺激（可有效促进环保行为），导致无法引起足够的关注；或是没有引导受众进行详尽加工，从而最大限度地提高其态度改变的可能性（关于广告宣传和详尽加工，详见第8章）。

与商业信息有关的另一个问题是，它们有时会干扰其他同等重要的因素（如日常行为）对环保的影响，尤其是当使用生动的图像来说明环境问题时。例如，与从色彩鲜明、对比强烈的图像中看到北极圈冰层的融化如何造成严重的环境问题相比，免费塑料袋的使用问题就显得微不足道了。这样一来，那些平时人们可以做的环保行为就很容易被忽视。

关于这个问题的最后一点是，教育与环保消费之间的关系之所以薄弱，是因为教育的目的只是为了改变消费者的态度。一般来说，美国人与欧洲人都关心环境状况，但是态度与行为之间的相关很微弱，有时甚至都不存在。因此，仅仅告诉人们环境问题的灾难性后果，并不足以改变其行为；相反，尝试并实施行为改变的策略可能效果更佳。

行为主义的方法

虽然改变人类的行为并非易事，但行为学家提出了两种特别的方法，可能会促使消费者进行环保消费。第一种是刺激管控，第二种是应急管理。刺激管控是指让个体接触刺激，比如某种榜样、特定的线索和指示，然后再做出特定的行为，希望以此阻止他们做某事，这已被证明在节约水资源和不乱丢垃圾方面是成功的。应急管理是指在个体做出某一特定行为后，给予其奖励或处罚，此方法可以有效减少能源的浪费。

要想发挥刺激管控和应急管理等方法的有效性，还存在一定的障碍。首先，值得注意的是，人们生活在一个鼓励过度消费的社会中，要改变他们的消费模式很困难。广告不断诱导消费者买买买，身边的朋友和家人都在不断地购物，甚至政府也在宣传消费对经济的好处。但更关键的是，消费者清楚地知道消费可以带来短期收益，但却意识不到节约环境成本的长期收益，这一现象被称为"公地悲剧"。简单地说，当消费带来的短期收益比长期收益更明显时，人们会选择短期收益。例如，消费者每次乘坐飞机都能获得航空里程买一送一的优惠及其他商品和服务的大幅折扣，那他们何乐而不为？这是一个严重的问题，因为许多消费者不能完全理解或根本不知道消费的环境成本是什么。

哈丁（Hardin）提出，可以使用某种外部强制力来控制人们的行为，使其不再追求简单的短期解决方案，比如在特定服务中添加额外的收费项目。以互联网为例，由于PC端通常不按用户的使用量收费，因此过度使用可能会导致网络拥堵，给其他用户带来不便。如果按具体的使用量收费，甚至按访问的特定网站收费，就可以避免热门网站的拥堵，因为这能够起到过滤作用。此举应该颇有成效，尤其是如果有人认为"公地悲剧"是一种"社会陷阱"，可以从奖惩的角度进行分析。环保消费常常伴随着两类社会陷阱：(1)"个人得益，集体失益陷阱"；(2)"失踪英雄陷阱"。第一类陷阱是指一个群体争夺一种宝贵的资源。如果只有一两个人有破坏性行为，那对资源的影响不大，但如果整个群体都这样做，那后果可能就会是灾难性的。例如，生活在缺水国家的人为追求自己的生活品质而过度用水，他们认为良好的个人卫生和身体舒适的短期回报，比人均大量用水将导致缺水的长期后果更重要。第二类陷阱是指消费者因担心短期不便而未能做出正确的行为。例如，人们不想减少使用私家车的频率，因为对他们来说，步行更加困难，即使长期的好处包括减少污染和保护石油资源。

并不是所有人都认为奖惩措施可以有效激励人们保护环境，因为还有许多其他因素在发挥作用。然而，基于环保的消费研究仍然表明，只要消费者可以明确识别出眼前的利益，奖励措施就能够有效阻止某些特定行为。例如，不同类型的奖励（如现金）可以有效减少人们开车出行；同理，奖励奖券也是一项有效的举措。另一项鼓励人们回收利用的举措是给他们小额的金钱奖励，让他们退回可回收的瓶瓶罐罐，这一方法在纽约、澳大利亚和瑞典等许多国家都已推行。

是否存在最佳的心理学方法

此时，很难说是否应该采取某种特定的心理学方法来鼓励消费者进行环保消费。最好的解决办法可能是借鉴不同类型心理学研究的成功经验，以期达到最好的效果。这自然包括进化论（认为消费是一种适应生活的方式，由性竞争推动）和心理动力论（过度消费是人的一种本能冲动，使他们在无意识中走向毁灭），尽管这些方法在本章中没有讨论。奖励措施的激励效果尤为显著，它在心理学的许多领域都得到了很好的尝试与验证，但如果消费者每次做出保护环境或者消费环保产品与服务的行为，都要给予奖励的话，那么这笔开销无疑非常巨大。

小结 》》》

对各种产品和服务的消费在很大程度上损害了地球上的自然资源。自20世纪90年代以来，研究人员开始着手研究如何利用可持续性消费解决与环境相关的问题。回收利用是确保有价值的资源不被浪费的好方法，但还需要简化操作流程，否则人们还是会把"废物"丢入垃圾桶。人们参与回收利用的原因及方式存在很大的文化差异，这一点可以从其对环保产品的态度中看出。一些国家对环保产品的看法颇为积极，而另一些国家则略显消极。尽管关于"如何增加环保消费"的研究很少，但可以利用现有的心理学方法改变人们的思想与行为，这些方法有榜样示范法、常规偏离法、刺激管控法与应急管理法。

想一想 / CONSUMER PSYCHOLOGY

1. 消费心理学家为什么对环境问题感兴趣？

2. 对环境有不良影响的消费行为数不胜数，请至少举出两个本章未提及的例子。

3. 你认为环保产品在印度与意大利这样文化背景不同的国家会被如何看待？

4. 哪些方法能够有效地激励消费者购买环保产品？

5. 为什么美国人会认为符合道德标准的产品比不上不符合道德标准的产品？

Consumer Psychology

ISBN: 033522928X

Copyright © 2010 by Cathrine V.Jansson-Boyd

No part of this publication may be reproduced or transmitted in any form or by any means,electronic or mechanical, including without limitation photocopying, recording,taping, or any database, information or retrieval system, without the prior written permission of the publisher.

This authorized Chinese translation edition is jointly published by McGraw–Hill Education and China Renmin University Press. This edition is authorized for sale in the People's Republic of China only, excluding Hong Kong, Macao SAR and Taiwan.

Translation copyright ©2021 by McGraw–Hill Education and China Renmin University Press.

All rights reserved.

未经出版人事先书面许可，对本出版物的任何部分不得以任何方式或途径复制或传播，包括但不限于复印、录制、录音，或通过任何数据库、信息或可检索的系统。

本书中文简体字翻译版由麦格劳－希尔（亚洲）教育出版公司授权中国人民大学出版社合作出版。此版本经授权仅限在中华人民共和国境内（不包括香港特别行政区、澳门特别行政区和台湾地区）销售。

版权 ©2021 由麦格劳－希尔（亚洲）教育出版公司与中国人民大学出版社所有。

本书封面贴有麦格劳－希尔公司防伪标签，无标签者不得销售。

北京市版权局著作权合同登记号：01-2019-1191

版权所有，侵权必究。

北京阅想时代文化发展有限责任公司为中国人民大学出版社有限公司下属的商业新知事业部,致力于经管类优秀出版物(外版书为主)的策划及出版,主要涉及经济管理、金融、投资理财、心理学、成功励志、生活等出版领域,下设"阅想·商业""阅想·财富""阅想·新知""阅想·心理""阅想·生活"以及"阅想·人文"等多条产品线,致力于为国内商业人士提供涵盖先进、前沿的管理理念和思想的专业类图书和趋势类图书,同时也为满足商业人士的内心诉求,打造一系列提倡心理和生活健康的心理学图书和生活管理类图书。

《呆萌营销心理学:让人无法抗拒的销售魔法》

- 揭示隐藏在具有说服力的营销信息背后的科学原理。
- 通过行为经济学与心理学核心发现的巧妙融合。
- 直击消费者痛点,打造让消费者无法抗拒的销售魔法。

《跟大师学销售智慧》

- 了解与掌握《世界上最伟大的推销员》的黄金销售法则与行动方案,成为销售精英,这本书足矣。

《新营销实操：从新手到高手》

- 英国特许营销协会（CIM）指定市场营销培训教程。
- 从新手入门到高手精进，专业知识技能与实战相结合，线上、线下全流程指导。
- 涵盖市场营销所有的工作，专注解决营销人员工作中的所遇到的难点、痛点问题。

《精准投放：个性化数字广告一册通》

- 全面剖析从传统广告向个性化数字广告转型的核心技术与关键策略。
- 全流程指导个性化数字广告实战运营，为个性化营销提供整体解决方案。
- 基于物联网、社交媒体、应用软件、可穿戴设备预测了未来广告业新的机遇。

《爆红：让内容、视频及产品疯传的九个营销秘诀》

- 奥美集团广告大师罗里·桑泽兰德倾情推荐，澳大利亚网络消费心理学家布伦特·科克所著。
- 揭示人们病毒式疯传行为背后的心理机制，分享产品、品牌及个人一炮而红的成功秘诀。